海上絲綢之路基本文獻叢書

昆侖及南海古代航行考
馬來亞華僑史綱要

〔法〕費瑯 著　馮承鈞 譯／姚枏 著

文物出版社

圖書在版編目（CIP）數據

昆侖及南海古代航行考 / （法）費琅著 ； 馮承鈞譯 .
馬來亞華僑史綱要 / 姚枏著 . -- 北京 ： 文物出版社，
2022.7
（海上絲綢之路基本文獻叢書）
ISBN 978-7-5010-7664-2

Ⅰ. ①昆… ②馬… Ⅱ. ①費… ②姚… ③馮… Ⅲ.
①航海－交通運輸史－中國－古代②華僑－歷史－馬來西
亞 Ⅳ. ① F552.9 ② D693.73

中國版本圖書館 CIP 數據核字（2022）第 086678 號

海上絲綢之路基本文獻叢書

昆侖及南海古代航行考·馬來亞華僑史綱要

著　　者：〔法〕費琅　姚枏
策　　劃：盛世博閱（北京）文化有限責任公司

封面設計：鞏榮彪
責任編輯：劉永海
責任印製：蘇　林

出版發行：文物出版社
社　　址：北京市東城區東直門内北小街 2 號樓
郵　　編：100007
網　　址：http://www.wenwu.com
經　　銷：新華書店
印　　刷：北京旺都印務有限公司
開　　本：787mm×1092mm　1/16
印　　張：13.5
版　　次：2022 年 7 月第 1 版
印　　次：2022 年 7 月第 1 次印刷
書　　號：ISBN 978-7-5010-7664-2
定　　價：94.00 圓

總緒

海上絲綢之路，一般意義上是指從秦漢至鴉片戰争前中國與世界進行政治、經濟、文化交流的海上通道，主要分爲經由黄海、東海的海路最終抵達日本列島及朝鮮半島的東海航綫和以徐聞、合浦、廣州、泉州爲起點通往東南亞及印度洋地區的南海航綫。

在中國古代文獻中，最早、最詳細記載『海上絲綢之路』航綫的是東漢班固的《漢書·地理志》，詳細記載了西漢黄門譯長率領應募者入海『齎黄金雜繒而往』之事，書中所出現的地理記載與東南亞地區相關，并與實際的地理狀况基本相符。

東漢後，中國進入魏晉南北朝長達三百多年的分裂割據時期，絲路上的交往也走向低谷。這一時期的絲路交往，以法顯的西行最爲著名。法顯作爲從陸路西行到印度，再由海路回國的第一人，根據親身經歷所寫的《佛國記》（又稱《法顯傳》）一書，詳細介紹了古代中亞和印度、巴基斯坦、斯里蘭卡等地的歷史及風土人情，是瞭解和研究海陸絲綢之路的珍貴歷史資料。

隨着隋唐的統一，中國經濟重心的南移，中國與西方交通以海路爲主，海上絲綢之路進入大發展時期。廣州成爲唐朝最大的海外貿易中心，朝廷設立市舶司，專門管理海外貿易。唐代著名的地理學家賈耽（七三〇～八〇五年）的《皇華四達記》記載了從廣州通往阿拉伯地區的海上交通『廣州通夷道』，詳述了從廣州港出發，經越南、馬來半島、蘇門答臘半島至印度、錫蘭，直至波斯灣沿岸各國的航綫及沿途地區的方位、名稱、島礁、山川、民俗等。譯經大師義净西行求法，將沿途見聞寫成著作《大唐西域求法高僧傳》，詳細記載了海上絲綢之路的發展變化，是我們瞭解絲綢之路不可多得的第一手資料。

宋代的造船技術和航海技術顯著提高，指南針廣泛應用於航海，中國商船的遠航能力大大提升。北宋徐兢的《宣和奉使高麗圖經》詳細記述了船舶製造、海洋地理和往來航綫，是研究宋代海外交通史、中朝友好關係史、中朝經濟文化交流史的重要文獻。南宋趙汝適《諸蕃志》記載，南海有五十三個國家和地區與南宋通商貿易，形成了通往日本、高麗、東南亞、印度、波斯、阿拉伯等地的『海上絲綢之路』。宋代爲了加强商貿往來，於北宋神宗元豐三年（一〇八〇年）頒佈了中國歷史上第一部海洋貿易管理條例《廣州市舶條法》，并稱爲宋代貿易管理的制度範本。

元朝在經濟上採用重商主義政策，鼓勵海外貿易，中國與歐洲的聯繫與交往非常頻繁，其中馬可·波羅、伊本·白圖泰等歐洲旅行家來到中國，留下了大量的旅行記，記録元代海上絲綢之路的盛况。元代的汪大淵兩次出海，撰寫出《島夷志略》一書，記録了二百多個國名和地名，其中不少首次見於中國著録，涉及的地理範圍東至菲律賓群島，西至非洲。這些都反映了元朝時中西經濟文化交流的豐富内容。

明、清政府先後多次實施海禁政策，海上絲綢之路的貿易逐漸衰落。但是從明永樂三年至明宣德八年的二十八年裏，鄭和率船隊七下西洋，先後到達的國家多達三十多個，在進行經貿交流的同時，也極大地促進了中外文化的交流，這些都詳見於《西洋蕃國志》《星槎勝覽》《瀛涯勝覽》等典籍中。

關於海上絲綢之路的文獻記述，除上述官員、學者、求法或傳教高僧以及旅行者的著作外，自《漢書》之後，歷代正史大都列有《地理志》《四夷傳》《西域傳》《外國傳》《蠻夷傳》《屬國傳》等篇章，加上唐宋以來衆多的典制類文獻、地方史志文獻，集中反映了歷代王朝對於周邊部族、政權以及西方世界的認識，都是關於海上絲綢之路的原始史料性文獻。

海上絲綢之路概念的形成，經歷了一個演變的過程。十九世紀七十年代德國地理學家費迪南·馮·李希霍芬（Ferdinad Von Richthofen，一八三三～一九〇五），在其《中國：親身旅行和研究成果》第三卷中首次把輸出中國絲綢的東西陸路稱爲『絲綢之路』。有『歐洲漢學泰斗』之稱的法國漢學家沙畹（Édouard Chavannes，一八六五～一九一八），在其一九〇三年著作的《西突厥史料》中提出『絲路有海陸兩道』，蘊涵了海上絲綢之路最初提法。迄今發現最早正式提出『海上絲綢之路』一詞的是日本考古學家三杉隆敏，他在一九六七年出版《中國瓷器之旅：探索海上的絲綢之路》中首次使用『海上絲綢之路』一詞；一九七九年三杉隆敏又出版了《海上絲綢之路》一書，其立意和出發點局限在東西方之間的陶瓷貿易與交流史。

二十世紀八十年代以來，在海外交通史研究中，『海上絲綢之路』一詞逐漸成爲中外學術界廣泛接受的概念。根據姚楠等人研究，饒宗頤先生是華人中最早提出『海上絲綢之路』的人，他的《海道之絲路與昆侖舶》正式提出『海上絲路』的稱謂。選堂先生評價海上絲綢之路是外交、貿易和文化交流作用的通道。此後，大陸學者馮蔚然在一九七八年編寫的《航運史話》中，使用『海上絲綢之路』一詞，這是迄今學界查到的中國大陸最早使用『海上絲綢之路』的人，更多地限於航海活動領域的考察。一九八〇年北京大學陳炎教授提出『海上絲綢之路』研究，并於一九八一年發表《略論海上絲綢之路》一文。他對海上絲綢之路的理解超越以往，且帶有濃厚的愛國主義思想。陳炎教授之後，從事研究海上絲綢之路的學者越來越多，尤其沿海港口城市向聯合國申請海上絲綢之路非物質文化遺産活動，將海上絲綢之路研究推向新高潮。另外，國家把建設『絲綢之路經濟帶』和『二十一世紀海上絲綢之路』作爲對外發展方針，將這一學術課題提升爲國家願景的高度，使海上絲綢之路形成超越學術進入政經層面的熱潮。

與海上絲綢之路學的萬千氣象相對應，海上絲綢之路文獻的整理工作仍顯滯後，遠遠跟不上突飛猛進的研究進展。二〇一八年厦門大學、中山大學等單位聯合發起『海上絲綢之路文獻集成』專案，尚在醖釀當中。我們不揣淺陋，深入調查，廣泛搜集，將有關海上絲綢之路的原始史料文獻和研究文獻，分爲風俗物産、雜史筆記、海防海事、典章檔案等六個類別，彙編成《海上絲綢之路歷史文化叢書》，於二〇二〇年影印出版。此輯面市以來，深受各大圖書館及相關研究者好評。爲讓更多的讀者親近古籍文獻，我們遴選出前編中的菁華，彙編成《海上絲綢之路基本文獻叢書》，以單行本影印出版，以饗讀者，以期爲讀者展現出一幅幅中外經濟文化交流的精美畫卷，爲海上絲綢之路的研究提供歷史借鑒，爲『二十一世紀海上絲綢之路』倡議構想的實踐做好歷史的詮釋和注脚，從而達到『以史爲鑒』『古爲今用』的目的。

凡例

一、本編注重史料的珍稀性，從《海上絲綢之路歷史文化叢書》中遴選出菁華，擬出版百册單行本。

二、本編所選之文獻，其編纂的年代下限至一九四九年。

三、本編排序無嚴格定式，所選之文獻篇幅以二百餘頁爲宜，以便讀者閱讀使用。

四、本編所選文獻，每種前皆注明版本、著者。

五、本編文獻皆爲影印，原始文本掃描之後經過修復處理，仍存原式，少數文獻由於原始底本欠佳，略有模糊之處，不影響閱讀使用。

六、本編原始底本非一時一地之出版物，原書裝幀、開本多有不同，本書彙編之後，統一爲十六開右翻本。

目録

昆侖及南海古代航行考

昆侖及南海古代航行考

〔法〕費琅 著　馮承鈞 譯

民國十九年商務印書館鉛印本

法國費瑯著
馮承鈞譯

尚志學會叢書

崑崙及南海古代航行考

商務印書館發行

尚志學會叢書

崑崙及南海古代航行考

商務印書館發行

民國二十一年一月二十九日敝公司突遭國難總務處印刷所編譯所書棧房均被炸燬附設之涵芬樓東方圖書館尚公小學亦遭殃及盡付焚如三十五載之經營隳於一旦迭蒙各界慰問督望速圖恢復詞意懇摯銜感何窮敝館雖處境艱困不敢不勉爲其難因將需用較切各書先行覆印其他各書亦將次第出版惟是圖版裝製不能盡如原式事勢所限想荷鑒原謹布下忱統祈 垂詧

上海商務印書館謹啓

中華民國十九年九月初版
民國廿二年一月印行 國難後第一版

（二八三四）

尚志學會叢書 昆崙及南海古代航行考一册
Ancient Voyages to Condor Island and the China Sea

每册定價大洋肆角伍分
外埠酌加運費匯費

原著者 法國 Gabriel Ferrand
譯述者 馮承鈞
發行兼印刷者 商務印書館 上海河南路
發行所 商務印書館 上海及各埠

二四九六上

譯序

研究吾國史地之書，最感困難者，莫若外國語之譯名。或因聲韻之變遷，方音之殊異，傳譯有別。或因名稱之假用，風習之不同，混解未免。夫「天竺、」「身毒、」「印度，」爲同一地域之名；「韋紇、」「回紇、」「迴鶻、」「畏吾兒、」「輝和爾，」爲同一種族之號：稍具史地常識者，固不難知之。第佛國記之「子合，」宋雲行紀之「朱駒波，」西域記之「斫句迦，」即西域圖志莎車所屬之「哈爾噶里克；」長春真人西遊記之「河中府，」即今日中亞之「霍罕；」後漢書之「葉調，」即今之「爪哇；」元史之「色埒默，」即「天方人(Soleyman)」五代史之「相溫，」

即唐時突厥語所譯中國將軍官號，五代時人重譯之訛：今人則鮮有知之者矣。

中國重姓氏，外國人歸化臣服者，或冠之以漢姓，如安息之『安』、天竺之『竺』、月支之『支』、康居之『康』。或賜之以國姓，如唐代之『李』、宋代之『趙』是也。其姓氏不明者，則强以其名號之一二譯音冠之，如槃槃國王之姓『楊』、林邑國王之姓『范』、暹羅國王之姓『古龍』之類是也。此皆無標準譯音，或未細考原義，致有錯訛也。設有一種標準譯音，後漢書葉調之『便』、晉書唐書林邑之『范』、諸史書之『波摩』、釋藏諸傳記之『跋摩』，即不難知爲梵文 varman 之同名異譯；諸史之『葉調』、『闍婆』、『訶陵』、『爪哇』不難知同爲一地之稱；『諸葛地』（册府元龜卷九七〇）『鍮迦舍波摩』（唐會要卷九十八，）Prakakaçavarman（G. Maspero 撰占波史卷六，）亦不難知同爲一人之名。古今聲韻雖有變遷，（如唐韻之歌讀如今韻之麻，唐音有尾音收聲，如三讀如 sam 莫讀如 mwak 之類。）困難要可減少也。

執此以言我國史地之書，尙待整理者不少，而整理非純用科學方法，不能得其眞相。考亞洲全部及其週圍島嶼，或已列唐、元版籍，或歷代遣使朝貢。宋元以前，歐洲文化尙淺，其無記載可知。如欲了解此半部古代世界史，非求諸中國之史地撰述不可。故晚近三十年來，歐洲學者根據此種無價鴻寶，研究亞洲古史者，日見其衆，而其成績，亦頗多粲然可觀。昔日不相連續之事跡，

（如印度中古史，全據中國之撰述補綴而成，）佶屈聱牙之名號，（如突厥、回鶻名號之類，）今皆不難索解矣。

予有鑑於前述譯名不能一致之困難，竊欲將我國史地書中之譯名，作一種綜合及分析之研究。綜合云者，將史地書中同名異譯之名，綜合爲一，如合史書之『波斯，』西域記之『波刺斯，』同爲一國；合史書之『蘇利城、』『宿利城、』『蘇蘭城，』西域記之『蘇刺薩儻刺，』新唐書之『蘇利悉單，』化胡經之『蘇隣國，』西文之 Suristan 爲一地是也。分析云者，將同名異地之區，爲之剖解，如『波斯』爲西亞之國名，又爲中亞之國名，亦爲南海中之國名，別其方望是也。研究中，參考西文撰述，於一九一九年刊亞洲報（Journal Asiatique），見法國學者費瑯（Gabriel Ferrand）所撰崑崙及南海古代航行考一文，亦一種分析研究也。據其結論，「崑崙」一名，代表之地甚多，且兼爲種族及國王之號；此外於南海古地名，亦多所考定。費氏爲阿剌伯及南洋諸島語言專家。以其鴻博之語言學識，考定南洋之史地名稱方位，固游刃而有餘。惟中文似非其所長，其引證之中文撰述，皆轉錄西文譯本，而未注明原書卷數。夫研究者固不難閱其譯本之文，然翻譯者則頗難檢其譯文所本之書。尤感困難者，莫若所謂「安南國語」羅馬字之譯名。安南爲我同文之國，其名稱當有漢文原名可據，乃本書僅有羅馬字之譯音，無從知爲漢文何字。是以譯述中凡屬安南譯名，確能知其漢名者，舉其漢名；稍有疑義者，則錄其羅馬字國語，以俟將來之考訂。譯竟爰識數語於端。中華民國十六年九月，馮承鈞識於北京。

崑崙及南海古代航行考

中文書籍中誌有『崑崙』一地。又有他書以『崑崙』爲國名，如『崑崙諸國之中，閣茂（Khmèr）爲大』之文是已。別又有書以『崑崙』爲三佛齊（Palemban）之語言，及林邑(Campa)之文字。又考周去非之嶺外代答，及趙汝适之諸蕃志，所載『崑崙層期』國名，層期似卽指東裴洲之Zang。復證以阿剌伯(Arabes）與波斯（Perses）之書，其中誌有Kamrun島及Komr島。比較諸書所記，似不無共同之點可尋。爰掇拾諸文，凡關於亞洲高原民族移植恆河東岸各地，復由此諸地移植於馬來羣島

（Indonésie），終由馬來羣島西部，移植於馬達伽斯伽（Madagascar）島，及此島附近之斐洲沿岸各種記載之文，皆蒐羅之，用以考證此『崑崙』之真相。

中文記載

〔引證一〕山海經大荒西經曰：『有大山名曰崑崙之丘。其外有炎火之山，投物輒然。』

〔引證二〕九七七至九八三年撰之太平御覽，卷七八六引南州異物志曰：『扶南國（卽古之 Cambodge）在林邑（卽古之 Campa）西三千餘里。自立爲王。諸屬皆有官長，及王之左右大臣，皆號爲崑崙。』

〔引證三〕五二七年酈道元撰水經注，卷三十六云：『交州刺史以兵討林邑敗之，追擊至於崑崙，』又據一二八五年撰之安南志略，一四三〇年撰之大越史記，一八五六至一八八四年撰之欽定越史通鑑綱目，諸書所載，『林邑舟師被追擊至占筆羅（Culao Cham）島，』此島即中國史文中所稱之『崑崙山』也。

〔引證四〕太平御覽卷七八八，引五世紀末或六世紀初年竺芝撰，扶南記曰：『頓遜（似即 Tenasserim）國屬扶南。國王名崑崙。國有天竺胡五百家，兩佛圖，天竺婆羅門千餘人。頓遜敬奉其道，嫁女與之，故多不去。』

〔引證五〕續高僧傳卷二彥琮（五五七至六一〇年間人）

傳，載六〇五年『新平林邑，所獲佛經合五百六十四夾，一千三百五十餘部，並崑崙書，多梨樹葉。有敕送館，付琮披覽。』

〔引證六〕Tchen Kouan（譯者按：原文未引書名，無從知爲何人。）撰醫書二種，中有云『象牙落，自瘞之。崑崙人以木製僞牙，潛易其真牙。』

〔引證七〕義淨撰大唐西域求法高僧傳，所誌印度之東，奉佛法之大國，有室利差怛羅國（çrīksetra）（今之緬甸，）次東南有郎迦戍國，（今有人以其地爲 Tenasserim，予以爲非是。）次東有社（譯者按：社字或爲杜之訛。）和鉢底國，（即 Ménam 流域之 Dvaravati。次東極至臨邑國（Campa）皆屬大陸。其海島中奉佛法者，有堀倫島。義淨曰：『良爲堀倫初至交廣，遂使總喚崑崙國焉。唯此崑崙頭捲體黑。自餘諸國，與神州不殊。赤脚敢曼總是其式。』高楠順次郎（Takakusu）考訂崑崙，卽在今之Poulo Condore島。其英譯之義淨南海寄歸傳序云：『其島有漏壺，有佛經，有丁香。』艾莫烈（Aymonier）以爲『其島不過能容數百人，前說未免過於重視。』顧義淨所記，別有骨崙或堀倫，彼當時必已知南海中有一地名堀倫或崑崙也。至Poulo Condore島當時尙未以崑崙名，吾人亦未能卽以崑崙之名加之也。

〔引證八〕義淨求法高僧傳運期傳曰：『師交州人也。與曇潤同遊。仗智賢（卽訶陵人若那跋陀羅（Jnanabhadra）受具。旋迴南海，十有餘年。善崑崙音，頗知梵語。』

又大津傳曰：『永淳二年（六八三年）振錫南海。……汎舶月餘，達尸利佛逝洲。停斯多載。解崑崙語，頗習梵書。』

又貞固傳曰：『又貞固弟子一人，俗姓孟，名歸業。……至佛逝國，解骨崙語。』

〔引證八又〕宋高僧傳卷二十九（日本修大藏經本）慧日傳云：『日遂誓遊西域。始者泛舶渡海。自經三載，東南海中諸國，崑崙、佛誓、獅子洲等，經過略遍，乃達天竺。』

〔引證九〕金剛智歿於七三二年，遺命其弟子不空（Amoghavajra）赴天竺。據宋高僧傳卷一不空傳曰：『影堂既成，追諡已畢，曾奉遺旨，往五天竺并獅子國。……二十九年十二月，附崑崙舶，離南海至訶陵國界，遇大黑風。……既達獅子國，國王尸羅迷伽（çilamegha）迎之。』

〔引證十〕唐僧鑑真，赴日本傳布戒律之始祖也。其弟子 Aomi no matto Genkai，撰有行紀。據鑑真所說：『七四九年時，廣州珠江之中，有婆羅門、波斯、崑崙船舶無數。』（據高楠順次郎在一九〇二年河內之遠東研究國際公會報告。）

〔引證十一〕七五三年日本天皇延鑑真至其國，『隨行人有崑崙人一人，名軍法力，』（同前。）

〔引證十二〕八一〇年慧琳撰一切經音義，引慧超往五天竺國傳云：『崑崙諸國，閣茂爲大。』（按伯希和（Pelliot）君以爲：『閣字古音讀如 Kak，難作 Khmèrs 之譯音。至舊唐書卷二九七，新唐書卷二二二下之吉蔑，吉字古讀如 Kit，不難知爲 Khmèrs 矣。然予以爲閣茂卽 Khmèrs 也。）

〔引證十三〕八世紀末年，杜佑（七三五至八一二年間人）撰通典，卷一八八扶南條云：『隋時（五八九至六一八年）其國王姓古龍。諸國多姓古龍。訊者老言，古龍無姓氏，乃崑崙之訛。』

〔引證十四〕據八六〇年樊綽撰蠻書，卷十所誌：『崑崙國北去西洱河蠻地八十一日程。』按此蠻地卽南詔之大理地方。又據伯希和君所引蠻書卷六曰：『涼水之西南，（應在寧州，）至龍河。復南行至靑木香山。又南至崑崙國。』又據蠻書卷七曰：『靑木香山在永昌南三日程，山產靑木香，故名。』（按靑木香卽佛經之矩瑟佗（Kustha）。）又據蠻書卷十所誌時『南詔攻崑崙。崑崙人聽其深入，決水淹之，幾盡淹沒。不死者，去其右腕放迴。

〔引證十五〕蠻書卷六所誌，有一地，『婆羅門（Brahmanes）、波斯（Perse）、闍婆（Java）、勃泥（Borneo）崑崙諸國人，皆來此貿易。』其地未注明何所，似在今之暹羅灣中。此波斯國，似別爲一國，在馬來羣島之中。

〔引證十六〕又據不盡可信之搜神記所載，崑崙之中有一火山。

〔引證十七〕王溥（九二二至九八二年間人）唐會要卷九十八及九十九所誌『殊奈及甘棠二國，皆崑崙人也。』

〔引證十八〕唐會要卷七十五，誌有唐時（六一八至九〇六）侵寇交趾之『崑崙海寇。』

〔引證十九〕一〇一三年撰之冊府元龜，卷九六〇，誌：『崑崙之中有一火山。人至此山取木皮，績爲火浣布。』

〔引證二十〕冊府元龜卷九七〇載七〇九年三月，『崑崙國遣使貢方物，』然未誌其地在何處。

〔引證二十一〕冊府元龜卷九七一曰：『獨和羅國，崑崙人也。』（譯者按卷九七一無此文，疑卷數有誤。）

〔引證二十二〕冊府元龜卷九六一，及太平御覽卷九三七曰：『吐蕃國有藏河，去邏些（Lhassa）三百里。東南流，衆水湊焉。南入崑崙國。』

〔引證二十三〕八九七至九四六年撰之舊唐書，卷一九七曰：『自林邑（Campa）以，南皆拳髮黑，身通號爲崑崙。』（譯者按：

此文亦見南史。）

〔引證二十四〕一〇六〇年撰之新唐書，卷二二二下曰：『扶南在日南之南七千里。地卑窪。與環王（Campa）同俗。有城郭宮室。王姓古龍。』

〔引證二十五〕新唐書同卷驃國條，誌有屬國十八，中有彌臣國，予以為在 Iraouaddy 江口。又有迦羅婆提國，似即玄奘西域記所記室利差怛羅國（çriksetra），（今之緬甸）之東，伊賞那補羅國（Içanapura）（今之東蒲寨）之西，之墮羅鉢底。又義淨所記之社和鉢底，地位亦同。又據舊唐書所誌，水真臘在其西，則為 Dvaravati 無疑矣。新唐書又云『彌臣至坤朗，又有小崑崙王，名茫悉越，俗與彌臣同。崑崙至祿羽，有大崑崙王，國王名思利伯婆難多珊那，（梵文還元似爲 çribhavanandeçana）川原大於彌臣，崑崙小王所居。半日行至磨地勃（疑即 Martaban ）柵。』

〔引證二十六〕宋朱彧撰萍洲可談云：『廣中富人多畜鬼奴。絕有力，可負數百斤。言語嗜慾不通，性惇不逃徙。亦謂之野人。色黑如墨，唇紅齒白，髮鬈而黃。有牝牡。生海外諸山中。食生物。採得時，與火食飼之，累日洞泄，謂之換腸。緣此或病死。若不死，即可蓄。久蓄能曉人言，而不能自言。有一種近海者，入水眼不眨，（一本作眩，）謂之崑崙奴。』

一一七八年周去非撰嶺外代答，及一二二五年趙汝适撰之諸蕃志，誌有二崑崙國。錄其文於下：

〔引證二十七〕『闍婆之東，東大洋海也。水勢漸低，女人國在焉。愈東則尾閭之所泄，非復人世。汎海半月至崑崙國，南行三日至海。』

〔引證二十八〕諸蕃志注輦（Coromandel）條下云：『注輦國產崑崙梅。』

〔引證二十九〕嶺外代答卷三，崑崙層期國條下曰：『西南海上有崑崙層期國，連接大海島。常有大鵬，飛蔽日移晷。有野駱駝，大鵬遇則吞之。或拾鵬翅，其管堪作水桶。……又海島多野人，身如黑漆，拳髮，誘以食而擒之，動以千萬賣爲蕃奴。』

〔引證三十〕嶺外代答又云：『崑崙層期國又有駱駝鶴（譯者按：譯文作駝鳥，）身項長六七尺，有翼能飛，但不高耳。』

（譯者按。此一條原文在前條堪作水桶之下，著者乃引希耳特

（Hirth-Rockhill）等諸蕃志譯文，分爲兩項。

〔引證三十一〕一千三百年馬端臨撰文獻通考曰：『槃槃國，梁時通焉。在南海大洲中，北與林邑隔小海。自交州船行四十日至其國。其王曰楊粟翨，粟翨父曰楊德武連，以上無得而記。百姓多緣水而居。國無城，皆豎木爲柵。王坐金龍牀，每坐，諸大人皆兩手交抱肩而跽。又其國多有婆羅門，自天竺來就王乞財物，王甚重之。其大臣曰勃郎索濫，次曰崑崙帝也，次曰崑崙敎和，次曰崑崙敎帝索甘。且其言崑崙古龍聲相近，故或有謂爲古龍者。曰那延，猶中夏刺史縣令。』

右文國王姓楊，按即馬來語之 Yan，華言神也。占婆(Campa)語，吉蔑（Khmèr）語，爪哇（Java）語，得楞（Talaing）語，多相類。

此字音義亦同，故有人誤以此國在安南沿岸。

〔引證三十二〕文獻通考赤土條曰：『赤土國，扶南之別種也。在南海中。水行百餘日而達。所都土色多赤，因以爲號。東波羅剌國，西婆羅娑國，南訶羅旦國，北距大海。地方數千里。其王姓瞿曇氏（Gautama），名利富多塞，不知有國遠近。……其官薩陀迦邏一人，陀拏達叉二人，迦利密迦三人，共掌政事。俱羅末帝一人，掌刑法。每城置那邪迦一人，鉢帝一人。……，隋大業二年（六六年，）屯田主事常駿，虞部主事王君政等，使赤土。其年十月，自南海郡乘舟。晝夜二旬，每日遇便風。至焦石山，而過東南。詣陵迦鉢拔多（Lingaparvata）洲，西與林邑（Campa）相對，上有神祠焉。又南行至師子石。自是島嶼連接。又行二三日，西望見狼牙脩國之山。於是南達雞籠島，至於赤土之界。』

按赤土國，伯希和君以爲卽暹羅，一說也。然其考定，不能認爲正確。克倫（Kern）據其在 Kedah 所見立於紀元約四百年時之梵文碑誌，考定赤土爲 Raktamrttika 城之譯義，當時有一船主佛陀笈多（Buddhagupta），曾居留其地，又一說也。通考所誌，波羅剌，婆羅娑，二國，今皆無考。至訶羅旦，卽宋史之呵羅單，經吾人考定在今之爪哇。赤土國旣北距大海，應非暹羅。至其官號，惟那邪迦爲馬來羣島中爪哇語之 nayaka Sundanais 語之 nayaka，Madurais 語之 Najokok，梵語爲 nayaka，華言首領也。白耳格（van den Berg）以爲卽 Bantam 蘇丹（Sultan）遠裔之官號。鉢帝卽馬來。語之 Patih，古爪哇語（Kawi）之 Patih，今爪哇語之 Patih。此外諸官號，尙未考定也。

〔引證三十三〕宋史卷四八九曰：『闍婆（Java）國在南海中。其國東至海一月。汎海半月至崑崙國。』

〔引證三十四〕宋史三佛齊（Palemban）條曰：『崑崙奴踏曲爲樂。』

〔引證三十五〕一三四九年汪大淵撰島夷誌略，崑崙條載：『崑崙山亦名軍屯山，海岸長百餘里。在大海中，與占城(Campa)及西竺（Anamba）鼎峙相望。海人名曰崑崙洋，故島名崑崙。凡往西洋販舶，必待順風七晝夜可過。俗云：「上有七洲下有崑崙（Paracels）」』。

〔引證三十六〕一四三六年費信撰星槎勝覽曰：『崑崙山

昂然瀛海之中，與占城，東西竺（Anamba）丁機（Pulaw Tingi）鼎峙相望。俗云：「上怕七洲，下怕崑崙。」

（引證三十七）一五三七年黃衷撰海語，滿剌加（Malaka）條下云：『地不產米，購之暹羅，崛龍，陂隄里。』（陂隄里卽Pedir，在蘇門答剌（Sumatra）之東北。）

（引證三十八）一五五年撰南詔野史云：『是年（八八五年）崑崙國獻美女於舜（南詔王），甚見寵幸。』

（引證三十九）南詔野史載：『皇祐五年（一〇五三年）正月癸巳，狄青進至邕州，（今廣西邕寧）之崑崙關。元夜張宴，潛引兵度關破儂智高。』按崑崙關在邕寧東二百里。

（引證四十）廣東通志載，一六七三年，『暹羅貢使至中國，其王號古龍。』按即暹羅語之 Krun，華言王也。

〔引證四十一〕大越史記，欽定越史記通鑑綱目，誌七六七年之海寇事曰：『海寇來自崑崙、闍婆（Java）。』

〔引證四十二〕日本僧人迦葉波（Kaçyapa Ji-un），注南海寄歸內法傳云：『堀倫，骨崙，崑崙，蓋一地異名也。其人不知禮義，惟事盜寇。食人如夜叉厲鬼。語言亂雜，與其他蠻人異。善泳水，終日在水中不以爲苦。』

譯者按：右引四十二條。多未注明原書卷數，檢閱甚難，故其中有數條，僅據譯文重譯其義。又安南史籍，余從未寓目，右引大越史記等書，原名惟有所謂『安南國語』之羅馬字譯音，茲以 Dai Viêt-su Ki 譯爲大越史記，Khâm dinh Viêt su Ki thong giam cang muc 譯爲欽定越史記通鑑綱目，未知當否。原著引證第四十一條中，尚有一書名 Dai Viêt su ki toan tho 前四字似爲『大越史記，』後二字似爲『全書，』然不敢認爲無誤。顧原著又未引其書之事，故從省略。）

史地名之考定

伯希和以『崑崙爲中國地理書中聞名之山。山在中亞，相傳爲紀元前十世紀時，周穆王見西王母處。（譯者按：原文爲 Le prince Mou de l'état de Ts'in，誤以周穆王爲秦穆公，茲改正。）自是以後，崑崙之名，遂散見各書。』前引中文記載諸條，可證此說也。

據「引證十四」南詔附近有一崑崙國，與「引證二十五」及「引證三十八」之崑崙國，或爲一國。「引證二十五」新唐書所載之大小崑崙國，當在 Iraouaddy 江口及 Martaban 灣之間。「引證三十九」南詔野史所誌之崑崙關，在今之廣西，是皆勿庸再事考定者也。

「引證一」山海經所誌：『崑崙之外，有炎火之山。』此崑崙火山，古代已有所聞矣。此火山並見「引證十六」之搜神記，「引證十九」之册府元龜。此三書皆未注明其所在，似卽指馬來羣島之一火山。

華人名火山或爲自然火洲（見梁書，）或爲火山。馬來人亦稱之爲 Gunon berani，華言自燃山也，或 Gunon api，華言火山也。班達（Banda）海中東經一百二十五度附近，有一著名火山，即以 Gunon api 爲名。Gunon 一字，馬來語及其他馬來羣島語，皆用以名單獨之山，或即中國書中所指之崑崙火山歟?

「引證七」之崑崙，骨崙，堀倫，並見義淨南海寄歸內法傳，據傳所記南海中諸洲，有十餘國奉佛法，從西數之，有『婆魯師洲（Baros），末羅遊洲（Malayu）（即今尸利佛逝（Palemban）國是，）莫訶信洲，訶陵洲（Java），呾呾洲，盆盆洲，婆里洲(Bali)，堀倫洲，佛逝補羅洲，阿善洲，末迦漫洲。又有小洲，不能具錄。斯乃咸遵佛法。惟末羅遊少有大乘耳。諸國周圍，或可百里，或數百里，或可百驛。大海雖難計里，商舶慣者準知。良爲堀倫初至交廣，遂使總喚崑崙國焉。唯此崑崙頭捲體黑。自餘諸國，與神州不殊。赤脚敢曼，總是其式。』

下引之文爲伯希和所引，可用以考定義淨之地理名錄。原文見七世紀撰之太平寰宇記，據云：『金利毗逝國在京西南四萬餘里。經旦旦國，訶陵國。摩訶新國，多隆國，者埋國，婆樓國，多郎婆黃國，摩羅遊國，真臘國，林邑國，而達廣州。其國東去致物國二千里，西去赤土國一千五百里，南去波利國三千里，柳衢國三千里。其風俗物產與真臘同。』

關於金利毗逝國，伯希和君箋釋有云：『此國吾於太平寰宇記、唐會要、新唐書、之中，並未見一朝貢使臣之記載。疑其名或爲室利佛逝之訛。蓋誌有金利毗逝之書，卽無室利佛逝之名。其尤異者，册府元龜外國朝貢中，常有佛逝或室利佛逝之名，而無金利毘逝之國。觀文中誌有赤土，林邑諸國，可證爲唐代上半葉事。』

此國名之第一字爲金，金字古音爲鼻唇收音，其誤顯然。末二字之毘逝，可代表 Vijaya 之音，（據玄奘義淨，不空譯音之例，）則金利非室利卽舍利之誤。如改正之，則爲室利毘逝（çri-vijaya）。

室利毘逝卽爲室利佛逝，予與伯希和君之意見相同。此地卽蘇門答剌（Sumatra）東南之 Palemban。室利佛逝卽梵文還元之 çrivijaya。茲再就他書尋求是否有相類之梵名，所得結果如下。

義淨之求法高僧傳有尸利佛逝及佛逝。

續高僧傳金剛智（Vajrabodhi）傳中，有佛誓及佛逝。

新唐書所誌：六九五年及七二四年朝貢，作尸利佛誓。七〇二年，七一六年，七二八年，七四二年朝貢，作佛誓。

自十世紀初年以後，中國記載此同一地域，則名之爲佛齊或三佛齊。

九〇四年朝貢，此國名佛齊。嶺外代答、諸蕃志、宋史、明史，作三佛齊。島夷誌略有三佛齊及舊港，舊港爲十五世紀以還 Palemban 之名稱。瀛涯勝覽，星槎勝覽，亦名之曰舊港，幷說明舊作三佛齊。然黃省曾一五二〇年撰之西洋朝貢典錄，仍沿用三佛齊之舊名。

日玉連（Stanislas Julien）君以室利佛逝之梵音，還元爲

çribhoja，時人多以爲是。伯希和亦是其說，但加以按語曰：『其惟一之難關，在逝字或誓字。此字尾之韻母，應屬 I 或 E 二母，似不屬 A。義淨譯給孤獨園（Jeta）之第一綴音爲逝，可以證也。雖然，吾不信於 A 字韻母之外，有能以他韻母還元者也。』就事實言，日玉連之還元名稱，以爲伯希和之按語所否定。室利應爲 çri 無疑；然佛逝不能作 Bhoja 也，其古音爲 Budjaya，佛齊亦然。茲分列於下。

一　室利毘逝 çrivijaya，

二　室利佛逝 çribudjaya，

三　佛逝 Budjaya，

四　佛誓 Budjaya，

五 三佛齊 Sambudjaya ，

六 佛齊 Budjaya

第一項改正之音，惟於太平寰宇記、唐會要、新唐書中見之。二、三、四項，並見十四世紀以前各書。此後則名爲佛齊及三佛齊。顧佛齊之於三佛齊，猶之佛逝之於室利佛逝。『三』字今雖未能解說，然應爲室利（çri）相等之字。第一項應作爲 Vijaya 。二三四項爲 Budjaya 。末二項既爲同一地域，似爲梵文之 Vijaya ，及古爪哇文 Wijaya 之訛。予所以作此結論者，因越南半島（Indochine），亦有相類之同名異音之事。安南史書之中，有一佛誓，竹經考定爲古之 Vijaya 城，（在今之平定。）考諸蕃志占城國屬國有毘齊。夫佛誓應作 Budjaya ，毘齊應作 Vijaya ，各不相侔也。乃馬司帛羅（Georges Maspero）君竟能考定占城之佛誓，即占城之 Vijaya 城，今此城因碑文及諸蕃志毗齊之記載，已證明馬司帛羅之考定爲不誤。同一解決方法，可用以求 Palemban 之古名，毗逝等如 Vijaya，佛齊等如 Budjaya，與占婆城名解決之法，可參證也。但其間不無困難：一、Vijaya 之名，未經馬來羣島之碑銘研究所證實。二、十世紀初年，阿剌伯人名 Palemban 爲 Sarbuza，經予改正爲 Sribuza，就此名以求佛逝、佛誓、佛齊之原音，應爲 Boja。然又與中國古音之 Budjaya 不合。又據布郎得司（Brandes）君之說，Palemban 之古名，即爪哇書中之 Samboja，第此名末一韻母若繩以發音之例，則又非是。占婆城名由毗齊轉佛逝，又轉爲 Vijaya，然此蘇門答剌城名之還元，又較前例爲難。據各書所誌，則有室利毘誓＝室利佛逝＝佛逝＝三佛齊＝佛齊＝爪哇語之 Samboja ＝阿剌伯語之 Sribuza。此五名可概爲三類：

室利毘逝＝çrivijay(a)＝çrivijaya。

室利佛逝＝çribudjaya 及音相近阿剌伯語之 Sribuza。

三佛齊＝Sumbudjaya 及音最近之爪哇語之 Samboja。

此名末一綴音，音聲不能調合，竟使此問題無法解決。蓋中國書所載之名，其尾字收音皆爲 ay, aya 之複韻母，而阿剌伯語之名，及爪哇之名，收音只有一 a。然予以爲依安南佛誓城之例，室利佛逝，三佛齊，阿剌伯之 Sribuza，爪哇之 Samboja，皆可追溯至 çrivijaya 之古名，此事已經七世之中國書述證明也。

義淨所記南海奉佛法之十洲，最西之洲，爲婆魯斯洲，其爲今日之 Baros，無疑也。此港以輸出樟腦著名，卽阿剌伯地理學者所稱之 Balus 也。地在蘇門答剌之西岸，次爲末羅瑜（一作遊）洲及尸利佛逝國，前一地當時已併入後一國也。此二地名，並見太平寰宇記，惟後一地誤作金利毘逝耳。尸利佛逝之東，有莫訶信洲，亦卽太平寰宇記之摩訶新，此國卽十一世紀時與爪哇王 Er-Langa 戰爭之 Mahasin，曾經伯希和君說明者也。現未考定其地。惟據義淨所記，卽在尸利佛逝之東，應爲爪哇西部之一獨立國也。

訶陵洲似爲爪哇之中部或東部。訶陵之次，爲咀咀國。唐會要記此國在訶陵之前，蓋義淨所記之次弟，自西至東，而唐會要與太平寰宇記所記之次弟，則爲旦旦、訶陵、摩訶新，自東及西耳。皆可證此三地之方位關係也。

此呾呾國或旦旦國，梁書卷五十四，作丹丹，新唐書卷二二二下，作單單，五二八年，五三五年，及六六六年至六六九年間，曾有朝貢之使至中國。隋書卷八十二云，婆利國（Bali）『自交阯浮海，南過赤土，丹丹，乃至其國。』則其國在東京，婆利之間也。新唐書卷二二二下云：『單單國在振州（海南島）東南，多羅磨之西。』多羅磨今雖未能考定其地，然據義淨所記之次第，此地應爲爪哇海東部之一島嶼。至布內側耐德（Bretschneider）所考定之 Natuna 島，與此國實無關係也。

義淨記中呾字之音，若據玄奘傳譯之法，考其古音，則可作咀羅（taro, tala, tra,）之咀（tar, tal），又可作三摩呾吒（Samatata）之 tat，呾摩栗底（或躭摩栗底）（Tamralipti）之 tan，咀迦（Lohitaka）與咀剎（Taksaçila）之 tak。

雖用前述之可能還元方法，然據吾人所知，尚未見與此相類之名，而其東方之多羅磨，今亦未能考定其地。

南海寄歸傳中之盆盆，應卽西域求法高僧傳中之掇盆，在訶陵（爪哇）之北。似爲今之 Madura 島，蓋其次第在婆里(Bali)之前，祇能位置於此也。

婆里及訶陵東方之堀倫，其元音應爲 gulun 或 Gurun。考一三六五年刊之爪哇古詩經 Nagarakretagama）gurun 之名凡兩見。後一名經盧法爾（Rouffaer）考定爲 Goron 島，卽今日地圖上之 Goram 島，地處 Geram 島之東南。前一名經艾爾德（Van Eerde）考定爲 Penide 或 Penida，島爲 Bali 及 Lombok 行政區中之一地。據此古詩經中之第十六詩所誌，此地昔有佛教法師來此，又據其第四十二詩所誌，當一二七二年至一二七五年間，君臨都馬板（名見明史）（Tumapel）之爪哇王 Kertanagara 曾統治此島。此古詩經之年代，固晚於義淨遊其地之時，然較古之著作，予未見有能考定宗教及語言者。此 Gurun 應爲義淨之堀倫，似亦爲諸蕃志（引證二十七）及宋史（引證三十三）所誌由爪哇泛海半月所至之崑崙國也。

又次爲佛逝補羅洲，經高楠順次郎考定其元音爲 Bujaypura 者也。今爪哇島之東南 Remban 府中有一行政區名 Bojanegara，音與佛逝補羅相近，姑誌於此，以俟考定。

阿善洲之原音，應爲 Ajan 或 Ejan，及 Aja 或 Eja，然今未能知爲何地也。

末迦漫之古音爲 Markaman，或 Markaban。爪哇古詩經第二十五詩有一 Markkaman，克洛母（Krom）考定其地在 Pasuruan 之南。

太平寰宇記及唐會要所誌有多隆、者埋、婆樓、三國。此三國應在爪哇，或爪哇及蘇門答剌之間。總之確在蘇門答剌東南之多郎婆黃國之東耳，蓋此國之後，路線轉爲南北也。

多隆之元音爲 Talon 或 Taron。唐會要作多薩。伯希和云，多隆國名並見新唐書（卷二二二下瞻博條，）多摩萇西境有多隆，此多摩萇，或卽新舊唐書之墮婆登（新唐書卷二二二下訶陵條，）據云：『訶陵亦曰社婆，曰闍婆（Java）。在南海中，東距婆利（Bali），西墮婆登，南瀕海，北真臘。』多摩萇音爲 Tamadan，墮婆登音爲 Dawatan 或 Dabatan，此二國名，音不完全相合，蓋第一音及第三音有低音與響音之別也。然其譯名，又似相近。第徧尋已知之國名，無有與多隆，多薩，多摩萇，墮婆登，之名相類者。

者埋之原音爲 Ca-mai，又與 Gambai 或 Gambi 之音相近。後一名爲蘇門答剌一部落之名，又爲 Palemban 府之 Ilran 及 Banuasin 行政區之名。

婆樓，唐會要作婆婁，音爲 Waru 或 Walu 及 Baru 或 Balu。馬來語有 Baroh 一字，兼有低地、海濱、海諸義。今波羅島(Bornéo)

之西有 Baru 島，Riouw 羣島之中亦有同名之島，Banka 府中亦有名 Baru 之地，爪哇 Besuki 府之 Banuwani 行政區中有一水道，其名亦同。至 Waru 之名，在 Surabaya, Kedu, Remban, Pekalonan 等府，及 Madura, Amboine 二島，皆有此地名。由是觀之，婆樓爲馬來羣島中之一地，絕無可疑。但其中火山太多，不能確定爲古之何地耳。

海語之崛龍島，音爲 Gulun 或 Gurun 及 Kulun 或 Kurun，應爲波羅島西部 Sukadana 行政區沿岸之 Gurun 島。昔日滿剌加（Malaka）人購米，或在斯地也。

諸蕃志中之蘇吉丹，據譯是書者之考定，其地爲爪哇之中部。原書有海寇攪海上商業之語。又據十五世紀初年之增注云，海寇爲丹重布囉（Tanjon Pura），琶離（Bali），孫他，（Sunda）故論等地之人。此故論，音如 Kurun 或 Gurun，似卽海語之崛龍島。此種海寇國旣侵攪鄰地之商業，然必亦自營商業。海語所誌售米於滿刺加人一事，可以證也。

此處附近別有一島，元史名曰勾闌，星槎勝覽名曰交欄，格能維德（Groeneveldt）曾考定爲 Belitum 島，卽今日地圖之 Billiton 島也。然魯克希（Rockhill）對於島夷誌略之勾闌及星槎勝覽之交欄，則又考定在 Gelam 島。予以後一說爲是。因 ge 之音，與「勾」「交」近，且其島在波羅島（Bornéo）之西岸，Sam-bar 角附近之處。一二九二年忽必烈汗（Kubilai han）之遠征隊自 Karimata 海峽至爪哇，必由之路，故停船勾闌也。

通考所誌六〇六年常駿等使赤土事，考其行程所經如下：

南海郡（今之廣州），

晝夜二旬，至焦石山。

過東南，

詣陵伽鉢拔多洲（Lingaparvata），西與林邑（Campa）相對。

又南行，

至師子石。

自是島嶼連接。

西望見狼牙脩國之山。

於是南達雞籠島，

至於赤土之界。

據通考所載：『赤土國在南海中。水行百餘日而達。』通考未誌其發航處，予以爲卽常駿發航之廣州。航經林邑（Campa）沿眞臘（Cambodge）之南岸，至 Camau 角。（譯者按：其地在安南南圻之北柳。）西渡暹羅海灣。至馬來半島東岸之 Ligor 地方偏南之海岸。沿岸北行，此處亦有島嶼，然不及通考所誌之多。旋經狼牙脩，此地卽 Lenkasuka，在南緯七度四十三分。雞籠島爲南緯十度之一島。赤土國應在 Kra 地峽以北，暹羅灣西岸之一地也。此予對於常駿行程之解說，而予之考定之根據，則以狼牙脩卽 Lenkasuka 爲起點。

伯希和之說曰：『據竺芝扶南記（引證四，）五世紀末或六世紀初，頓遜國王名崑崙。據新唐書（引證二十四）扶南王姓古龍，（參考引證十三。）據通考（引證三十一）槃槃國大臣之名，前三名首二字皆曰崑崙，（參考引證二。）馬端臨云，其言崑崙、古龍、聲相近，故或有謂爲古龍者。據上引諸文，似國王及大臣以崑崙爲名者，卽爲崑崙之國。顧崑崙爲華人習用之名，故由古龍訛爲崑崙。就地理及人種方面言，扶南應卽今之柬浦寨（Cambodge）。至槃槃國亦不難考定其地，按新唐書云：「其國與狼牙脩接。其南有哥羅，北距環王（Campa），限少海。」吾據此文試爲考定其所在：狼牙脩卽今之 Tenasserim，（按此考定有誤。）哥羅卽今之 Kedah，（按此亦誤。）槃槃應在馬來半島，北抵 Tenasserim 南迄 Kedah 之間，少海卽暹羅灣，馬可博羅（Marco Polo）遊記曾云：「航海者越 Camau 角後，赴南方諸海峽之先，有時遠沿馬來半島海岸行也。」由是觀之，槃槃國應在 Bandon 或 Ligor 地方，如此始可解說四世紀末年或五世紀初年，天竺婆羅門混塡（Kaundinya）由槃槃至扶南而王其國之事。據新唐書驃國傳（引證二十五）及蠻書（引證十四）所誌，崑崙國應亦在 Tenasserim。此古龍之名，熱里尼（Gerini）及艾莫烈（Aymonier），曾考此字之原名，以爲卽古吉蔑（Khmèr）語之 Kurun，義猶言國王攝政王也。占波語中或亦有此號。今日柬浦寨王及暹羅王之 Krun 尊號，亦本於此也。唐時之古龍，晚至一六七三年尚存。廣東通志（卷三三〇）所誌之暹羅王 Krun 之號，可爲古名現存之證。』

伯希和之說，固如前所述。然予以爲考定哥羅爲 Kedah，爲音學之難事。蓋馬來語中，予從未聞由D轉爲L之音者。此哥羅即賈耽之箇羅，（見新唐書地理志卷四十三下，）亦即阿剌伯地理書中之Kalah。其地即今之Kra，馬來人名之爲Kerah或Kera者也。新舊唐書中盤盤東南之箇羅（或哥羅富沙羅，）應在馬來半島之東岸，非Kedah也。此點修正之外，前說尙不乏可以討論之點。

古龍之號，扶南及槃槃二國用之。一九一一年發見一種占波（Campa）碑文，其中亦有Klun之號。由是可知吉蔑之Kurun，暹羅之Krun，占波之Klun皆相類也。今日占波語亦有Klaun之稱。

此種古占波官號，中國書中亦誌有之。通考林邑（即占波

(Campa)〕條云：『尊官有二：其一曰西郡婆帝，其二曰薩婆地歌。其屬官三等：其一曰(歌)倫多姓，次歌倫致帝，次一地伽蘭。』又宋史占城〔卽占波（Campa）〕傳：『元祐七年（一〇九二年）以其使浪保故倫軋丹，副使傍木知突，爲保順郎將。』通考之歌倫，宋史之故倫，應爲古占波語之 Klun，今占波語之 Klaun。又據南州異物志（引證二），『王之左右大臣皆號爲崑崙。』扶南記（引證四）云：『頓遜國王名崑崙。』通考（引證三十一）槃槃國大臣曰：『崑崙。……其言崑崙、古龍，聲相近，故或有謂爲古龍者。』綜觀上述諸名，可以斷定占波語之 Klun，Klaun，卽柬浦寨語之 Khlon，又卽吉蔑語之 Kurun，亦卽暹羅語之 Krun。中國史乘中之古龍，歌倫，故倫，蓋爲不同之譯音也。復訛而爲崑崙，此崑崙爲 Kurun，無疑也。中國此種譯法，不少其例，如 Pahan 一地，諸蕃志作蓬豐，明史作彭亨，島夷誌略，星槎勝覽作彭坑；又如 Gandharum，宋史闍婆（Java）傳作崑燉盧麻；則 Kurun 之作崑崙，不足異也。茲再舉一例以證之。

伯希和云：『自八世紀至今，雲南人與緬甸人交通之道，起於大理，經永昌，在潞江（Salouen）之西，逾高黎貢山，其上有諸葛亮城，至此分道，其大道西南至伊落瓦底（Iraouaddy）江，別一道直往西行。』伯希和關於山名有箋釋曰：『此山有高黎共，高倫，高良公，崑崙岡，諸名。』（參考讀史方輿紀要卷一一三，雲南通志卷二六，新雲南通志稿卷一四（譯者按：新雲南通志稿，爲 Sin yun nan t'ong che kao 之譯音，未識是否？ che 或爲 tche

之訛，手民誤排也。）考滇繫潞江蠻條云：『其地在騰越，永昌之間，高崙山在其南，潞江貫其北，中國至外蠻，須經過潞江蠻境，地勢重要。』據此書譯本附圖所載，此山名高黎貢，在緯度二十四度四十分，經度九十六度二十五分之間，質言之，在擺夷（Thaï）境內也。予不知中國人之各譯名，本於何種土著語言，其高倫（公）及崑崙岡二異譯，與高黎貢及高良公二名相對照，不無可注意之點也。

前此所引古龍，歌倫，故倫，崑崙，諸號通用之地，卽可認爲崑崙之國歟？當然不能也。前者嶺外代答，（引證二十九）諸蕃志（引證三十）二書所誌崑崙層期國一條，已明言其國在斐洲東岸，其非吉蔑語之 Kurun 可知，此問題應別尋根據也。予以爲恆河之東各地國王及大臣，以古龍，歌倫，故倫爲官號者，蓋卽吉蔑語之Kurun，占波語之Klun則崑崙一名，就中學(Sinologique)方面言，可附隸於吉蔑語之Kurun；然就歷史方面言，應絕對分別，不可混淆也。此別一崑崙，蓋爲一種居留恆河之東，馬來羣島，斐洲東岸各處，有血統關係人民之名稱也。

據往五天竺國傳(引證十二)云：『崑崙諸國，閣茂爲大。』通典(引證十三)云：『扶南王姓古龍。諸國多姓古龍，訊耆老言，古龍無姓氏，乃崑崙之訛。』唐會要(引證十七)云：『殊奈及甘棠二國，皆崑崙人。』冊府元龜(引證二十一)云：『獨和羅國，崑崙人也。』又(引證二十二)云：『藏河南入崑崙國。』新唐書(引證二十五)有大小崑崙國。在今緬甸(Martaban)

灣之北。舊唐書（引證二十三）云：『自林邑以南，皆卷髮黑身，通號爲崑崙。』以上各條，皆唐時（六一八至九〇六年）事也。是亦恆河東岸，印度之吉蔑種族繁盛時代，時在擺夷（Thaï）未至 Ménam 江下流之前也。殊奈及甘棠，今尙未考定其地。獨和羅國爲古之 Dvaravati 國。其他各國，吾人今已知其所在，皆在恆河東方，占波及南緬甸之間。據舊唐書『自林邑以南』之語，馬來半島應爲崑崙所居。又據他書，更南之馬來羣島，亦屬崑崙範圍。義淨西域求法高僧傳運期傳（引證八）云：『期在訶陵（Java），善崑崙音。』此崑崙語爲其師爪哇法師智賢（Jnana-bhadra）所授可知。同一書又載有居室利佛逝（Palenban）之大津，貞固二僧解崑崙語。昔日此二地既操崑崙語，故中國僧人以其人爲崑崙人。吾人須知七世紀爪哇之崑崙語，即古爪哇之Kawi語，Palemban 地方應亦通行，即不然亦爲當時通行於宮廷，教會，官廳之語。義淨又言馬來羣島西部十洲，中國人概喚爲崑崙，則馬來羣島西部，當時中國人已明認其爲崑崙也。

據續高僧傳（引證五）彥琮傳，七世紀初年，『平林邑（Campa），獲佛經千三百五十部，皆崑崙書。』此崑崙書爲占波（Campa）書，其字母爲印度所輸入，與恆河以東之印度及馬來羣島，皆受同一影響也。上述種種調查，皆能一致。大陸之崑崙，蓋包括北自占波，南至緬甸，及馬來半島而言。第爪哇及 Palemban 之居民，亦爲崑崙，因其人操崑崙語也。予前已說明蘇門答剌及爪哇之崑崙語，即 Kawi 語。顧此古爪哇語與占波語，吉蔑語，得楞語，頗相近。再就人體、文化、人種各方面比較之，七世紀蘇門答剌、爪哇、印度化之羣島人民，與大陸印度化之占波、吉蔑、得楞諸種，又多相近。是又無怪中國人概名大陸及羣島之人爲崑崙也。中國人之用崑崙一名，猶之吾人之用拉丁（Latin）或斯拉夫（Slave）之名，以名種族語言相近之人民也。

據前引各書，未明言崑崙來自何地，祇知其常至廣州（引證十。）紀元七五三年，有一崑崙自寧波赴日本（引證十一。）有崑崙在暹羅灣某港貿易（引證十五。）唐時交州沿岸有崑崙海寇，或自寇略（引證十八，）或偕爪哇人寇略（引證四十一。）此種作水手，商人，海寇之崑崙，明係暹羅，越南半島，馬來半島，馬來羣島之人。此外頓遜（Tenasserim）及緬甸之崑崙，亦可

崑崙及南海古代航行考　圖十九

至 Kra 地峽之東岸，乘舟至暹羅灣，東京，廣州各處。此恆河以東之印度及馬來羣島各地之人，幾盡倚海爲生，與地中海之 Bar-baresques 相類，以海寇而兼商人者也。海寇蓋爲東方人之重要事業，從古至最近之時，無時不然也。人咸以沿海寇略之事，歸之於馬來人，然吾人實不知古時馬來人有舟師也。東方及歐洲之遊記，無一誌有此事者。據中國書所載，紀元初數百年時，爪哇，吉蔑，占波，中國，皆有海軍，（其考見後。）總之紀元初一千年中，此處之言水手，卽言海寇，二名實不可分也。惟視舟之多少，武裝强弱，以爲斷耳。若沿岸居民或海上船舶力强，則海寇自承爲平和商人。如其力弱，同一水手則爲海寇。視狀況之變化，今日之掠人者，常爲昨日之被掠者。所有海上居民，自東京至爪哇，自蘇門答剌及馬來半島至 Moluques，皆永遠以互相報復爲事者也。是欲求崑崙海寇於越南半島或馬來羣島之一地，爲事甚難。十五世紀，十七世紀，及十九世紀（引證四十一）之安南史書云，七六七年，『抄略沿岸之海寇，來自崑崙，闍婆。』此崑崙爲馬來羣島人無疑，或卽諸蕃志之故倫，經吾人考定爲波羅島（Bornéo）西方之 Gurun 島者也。

水經注引林邑記，謂中國海軍敗林邑船至於崑崙（引證三）。關於此次海戰，安南史書明指此島爲茶陵（Tourane）東南之一島。此島當時名占筆羅，卽 Culao Cham 猶言占波島。今日占波語之 palau, kulau, 猶言島也。復由安南語一轉而爲 Culao Chiêm。中國人以崑崙之名名占波，吉蔑等種族。此島既爲占波島，或由 Kulau Cam 一轉而爲崑崙洲。亦未可知。

冊府元龜載，七〇九年三月，『崑崙國遣使貢方物，』（引證二十）然未明言爲何地。同一卷中載，同年十一月，『林邑國遣使貢方物。』此書所記林邑入貢之事不少，六八六年，六九一年，六九五年，六九九年，七〇二年，七〇三年，七〇六年，七〇七年，七〇九年，七一一年，七一二年，七一三年，及七三一年，等年，皆有貢使至中國。是年之崑崙，林邑兩貢使，是一是二，尙難考定也。

至十三世紀末年以後，崑崙之名，始有明指爲 Poulo Condore 一島者。考 Poulo Condore 爲馬來語 Pulaw Kundur 之轉，義猶言南瓜島也。柬浦寨人譯爲 Koh Tralach，義亦同。安南人則用中文崑崙之名，然一變而爲崑嫩（Kundur）。馬可博羅遊記中名爲

Condur。島夷誌略又名軍屯。

如前所述，崑崙一名，昔爲中國西南多數大陸地方及島嶼之稱，自十四世紀以後，據周達觀汪大淵，馬歡，費信等旅行家之遊記，遂又爲 Pulaw Kundur 之號。惟汪大淵云：『又名軍屯。』軍屯實爲土著原名之譯音。第崑崙爲中國著名之名稱，遂訛以爲此島之別號。

此種名稱變化之事，不無他例可援也。馬達伽斯伽（Madagascar）島，阿剌伯人名曰 Komr 島，後因音之相近，訛而爲 Kāmar 島，華言月島也。歐洲人復易以 Saint-Laurent, Comores 諸名，原名遂不復識矣。

周達觀真臘風土記云：『又自占城（Çampa）順風可半月

到真蒲，（地在安南南圻伯利（Baria）附近。）乃其境也。又自真蒲行坤申針，過崑崙洋入港 Ménam」。此記之崑崙洋，蓋明指 Poulo Condore 島所在之海。島夷誌略及星槎勝覽之崑崙，亦明指 Poulo Condore 一島。自是以後，此島遂爲中國地理學者之崑崙矣。

趙汝适所記（引證二十八）之崑崙梅，今尚未能解說。又如萍洲可談（引證二十六）所誌入水不昡之崑崙奴，宋史（引證三十四）所誌踏曲爲樂之崑崙奴，似爲輸入蘇門答剌東南方之斐洲黑人。七二四年室利佛逝所貢之僧祇奴，八一三年訶陵入貢之僧祇奴，八六〇年爪哇碑誌之 Jengi，似皆指斐洲東部之黑人（Zangi）。

嶺外代答（引證二十九）崑崙層期國條云：『西南海上有崑崙層期國，連接大海島。常有大鵬飛，蔽日移晷。有野駱駝，大鵬遇則吞之。翅管堪作水桶。』此大鵬，即阿剌伯著作家之 Roh，賽德（Ibn Sa'id），的馬司基（Dimaski），巴投大（Ibn Batuta），哇爾的（Ibn al-Wardi）諸氏之著作一千零一夜，一百零一夜諸民話，皆言有此大鵬。夫中國撰述與阿剌伯撰述之相符，亦無足異。蓋趙汝适亦聞諸波斯及阿剌伯之水手也。巴投大曾見此鳥於蘇門答剌。一千零一夜之水手及哇爾的，亦云見之於同一地域。一千零一夜未言見於何地。的馬司基及賽德則以其爲 Komr 島之大鳥。此二著作家所記此島之事，多羼雜錫蘭島（Ceylan）及吉蔑之事。要之此島爲今之馬達伽斯伽（Madagascar）

無疑也。此崑崙層期國，即此島及其附近之斐洲沿岸。

綜合前引諸文，崑崙一名，蓋指下之各地。

甲、恆河東及馬來羣島數島。

乙、Pulaw Kundur 島，即吾人地圖之崑崙山（Poulo Condore）。

丙、茶陵（Tourane）東南之占筆羅或占不牢島（Culao Cham）。

丁、占波，真臘，緬甸，馬來半島（頓遜及槃槃，）蘇門答剌，爪哇等地之崑崙國。

戊、南詔附近之崑崙國。

己、廣西之崑崙關。

庚、斐洲東岸及馬達伽斯伽島。

阿剌伯文及波斯文記載

十二世紀至十三世紀末年，阿剌伯及波斯地理學者，已知中國西海之中有一地，一島，一城名稱 Kamrun。（引證四十三）耶德利西（Edrisi）（一一五四年）云，自 Al-mudja 島，至 Suma 島，兩日程。其島甚大。產麥甚富。有各種可食之鳥，皆爲印度不出產之飛禽。亦多椰樹。與此島相接之小島甚多。皆有人居。其王名 Kamrun。其地多風雨。週圍海水約深四十尋。山中產樟腦甚多，其質之良，爲他處所不及。諸島之中，有一名 Al-Fangan 之民族。髮卷而黑。投石擲兵及藥箭於過船，勇不可當。爲所見或爲所擄者，鮮能脫還。其人以鐵鋼金環貫鼻。

〔引證四十四〕同一著者又云，國王 Kamrun 所屬有 Famusa 及 Lasma 二島。二島亦以國王之名自名。島人色白。女子美麗無比。男子勇健，且能攻掠快船。然惟與中國人不和時爲之。（按此大島似爲蘇門答剌。）

〔引證四十五〕加至維尼（Kazwini）（一二〇三年至一二八三年間人）云：樟腦山爲印度海中之大山。山麓城聚甚多。有名 Kamrun 城者，Kamruni 蘆薈所自出也，猶之吉蔑產蘆薈即以 Al-kamari 名，占波產蘆薈即以占波 Al-canfi 名也。山下產樟樹。

〔引證四十六〕賽德（Ibn Sa'id）（一二〇八至一二八六年間人）云，將抵 Bintan 島，即見 Kamrun 諸島。王居之島最大，在Djawa（卽蘇門答剌）諸島之東。Kamrun城之名，亦卽王世襲之名。其世系已於Komr島（按卽Madagascar）記中述之。此Kamrun島，在經度一五八度，緯度六度之間。王所屬諸島，有小島無數。在王都之西，大島長約四百海里，寬約百海里。諸小島之西有羣島，與Djawa（按卽蘇門答剌）島相接。羣島產印度藥品及錫。火山島在其間。又有無底潭島。過Kamrun島北之羣島，有樟腦山無數。山在船舶赴中國之海中。山屬Kamrun，有屬中國者。

〔引證四十七〕的馬司基（Dimaski）（一三二五年）云：

Kamrun島鄰接Sribuza（按卽蘇門答剌）島。其地諸王名Al-Kamrun，如中國之王名Baqbur，占波之王名Maharadja也。

〔引證四十八〕同一著者，又述南海沿岸各地及其名稱云，極南過赤道至 Al-Kamrun 島，及 Sirandib （按即錫蘭）島。

〔引證四十九〕同一著者又云，吉蔑島即以產吉蔑(Al-kamari)蘆薈著名之地也。週圍約一月程。城聚甚多。中國，印度之信徒及學者，皆至此地。島王號 Kamrun 。

〔引證五十〕奴外力（Nuwayri）（歿於一三三二年）云，蘆薈之最佳者爲 kamruni 蘆薈，產於印度最高處之 Al-Kamrun 。或曰其地產名 Al-kamruni 蘆薈，故以名。

〔引證五十一〕阿布非達（Abulfida）（一二七三年至一三三一年間人）云，中國海西行過 Kamrun 山。山在中國印度之間，經度一二五度，緯度十度之間。多蘆薈之苗。

〔引證五十二〕同一著者又云，Kamrun 山，據 Kanun 及 Atwal 所載，在東經一二五度，北緯十度之間。在第一氣候帶之南。Kanun 一書，列此種山岳於海島之列。賽德（Ibn Said）誌 Kamrun 諸島云，王都在此羣島之東。經緯度同上。

〔引證五十三〕英沙（Diwan al-Insa）（十五世紀中人）云，第二海出東大洋，往西流。流出之處，在中國東南極遠近赤道之處。順中國南部之西北流，過中國與印度分界處，中國諸山與 Kamrun 諸山間之荒漠，復順印度沿岸流。

〔引證五十四〕阿布法至（Abu'l-Fazl）（一五九五年）云，Kamrun 諸山在赤道之南，經度一三〇度，緯度十度之間。地產蘆薈。

右引回教諸著者之文，Kamrun 諸山，在中國，印度之間（引證五十一，引證五十三。）Kamrun 羣島之南部在赤道之上，（引證四十八。）Kamrun 產最佳之蘆薈（引證五十，）著名之蘆薈，（引證五十一，引證五十四。）Kamrun 爲產 Kamruni 蘆薈地方之名（引證四十五。）Suma 島之王，自號 Kamrun（引證四十三，引證四十四，）亦爲吉蔑王之名，（引證四十九），Kamrun 諸島王之名（引證四十六引證四十七。）

阿布非達之經緯度，蓋根據一〇四〇年 Biruni 氏之 Kanun al-mas'udi，…… 及十世紀 Al-Faris 之 Kitab Al-Atwal Wa'l-urud 二書。

據此二書所載，Kamrun 島及其他數島之經緯度如下：

島名	經度	緯度
爪哇(Djawaga)	一一五	
Kamrun 諸山	一二五	一〇
蘇門答剌北之 Lamuri	一二七六	九
馬來半島之 Kalah	一三〇	八
室利佛逝(Sribuza)	一四〇	一

耶德利西所誌諸島之經緯度如下:

地名	經度	緯度
Sribuza 即 Palemban	八八・三〇	三・四〇
Malabar 之 Kulam 即Quilon	一三四・〇〇	一二・〇〇
Ma'bar 即 Coromandel	一四二・〇〇	一七・二五

Lamuri	一四四・〇〇	五・〇〇
Fawfal 按此地疑即諸蕃志之僕琶來	一四六・〇〇	
Djawa 都城卽蘇門答剌	一五一・〇〇	一二・三〇
Kalah	一五四・一二	
Kamrum 島	一五八・〇〇	六・〇〇
古波城	一六二・〇〇	六・〇〇
吉蔑城	一六六・〇〇	二・〇〇

阿布法至所誌之經緯度如下:

地名	經度	緯度
Kalam	一〇二・〇〇	一八・三〇
Ma'bar 卽 Coromandel	一〇二・〇〇	一七・二〇

Djawaga 島即爪哇	一〇四・〇〇	一五・〇〇
Kamrun 諸山	一三〇・〇〇	一〇・〇〇
Lamuri	一三〇・〇〇	九・〇〇
Kalah	一四〇・〇〇	八・〇〇
Mahardja 島	一五〇・〇〇	一・〇〇

據 Kanun 及 Atwal 所誌，Kamrun 諸山，在爪哇之東十度，Kalah 之西五度，蘇門答剌北部之西一二度，Palemban 之西十五度。據賽德所誌，Kamrun 島在蘇門答剌，馬來半島及爪哇之東，占波之西。占波又在吉蔑之西。據阿布法至所誌，Kamrun 諸山，在爪哇之東，Lamuri 及 Kalah 之西。綜觀上引諸書，誤以爪哇在蘇門答剌之西，占波在柬浦寨之西，致方位不能明確指定。惟

據賽德及的馬司基二氏之說，Kamrun 蓋爲馬來羣島中近蘇門答剌東岸之一島也。

僅據右引之文，自無地理價值可言。但與前引之中文記載相對照，不難發見一線光明也。

扶南國卽古之柬浦寨。王及大臣皆號爲崑崙（引證二）古之頓遜，似卽今之 Tenasserim，扶南之一屬國也。國王名崑崙（引證四）馬來半島之槃槃，或爲古代柬浦寨之一屬國，大臣名崑崙。馬端臨曰：『其言崑崙古龍聲相近，故或有謂爲古龍者。』（引證三十一）八世紀末通典曰：『隋時扶南國王姓古龍。訊耆老，言古龍無姓氏，乃崑崙之訛。』（引證十三）通考之歆倫，宋史之故倫，皆占波之稱號。又據前引諸書，恆河之東南部及馬來羣島西部，土人皆號爲崑崙。又據南海寄歸傳注云：堀倫，骨倫，崑崙，蓋一地異名。綜合中文之記載，大要如此。

據回教著者之記載，的馬司基誌吉蔑海國曰：『王號 Kamrun』。（引證四十九。）此爲十四世紀之紀載。此外十二世紀至十四世紀諸記載，亦咸誌有一名 Kamrun 之國，或其王名 Kamrun 之國。賽德且言其島，其王都，其王，皆號 Kamrun，其號世襲。（引證四十六。）質言之，Kamrun 地方之 Kamrun 民族有一 Kamrun 皇朝也，阿剌伯文之 Kamrun，譯以唐宋之音，則爲甘侖。顧中國譯音對於二綴音，常用同韻母同收聲之音，甘侖之爲昆侖，亦不足異也。由是觀之，中文記載（引證二，引證十二，引證二十三，）與阿剌伯文記載，可云相符矣。

阿刺伯文中尙誌有一事，離奇異常，附誌於此，以廣異聞。據云，創世紀雅弗（Japhet）之子歌瑪（Gomer），傳種於吉蔑Komr，中國，三處。此三族之祖，居於大地之東。後因不和，中國人乃逐其鄰族於海島之中。自是以後，吉蔑居今之東浦寨，Komr 移殖於今之馬達伽斯伽（Madagascar）島。此種傳說之由來，蓋由 Gomer 一轉而爲 Kamir，卽阿刺伯文占波之名也。又轉而爲 Komr，卽阿刺伯文馬達伽斯伽島之名也。

由此傳說，可以推測當時移民之狀況。其初由亞洲高原南下，至恆河東部，旋南下至馬來羣島，後由此西遷馬達伽斯伽島。

爪哇吉蔑占波中國之海軍

中國之南海，亦一種地中海也。自臺灣至 Billiton 島，西惟有滿剌加海峽可通，南僅有 Banka 及 Karimata 二海峽可涉。此外自蘇門答剌至福建，皆島嶼陸地相接。其東南及南方，爲波羅島（Bornéo）及斐利賓羣島（Philippines）所限。呂宋（Luçon）與臺灣之間，及臺灣與福建之間，有寬數百海里之海道通東海，此卽阿剌伯水手所稱之『中國門戶』也。彼等由越南赴廣州，杭州，蓋遵此道而行。南海之東南，有爪哇海，佛羅理（Flores）海，班達（Banda）海，又有蘇祿（Jolo）海，西里伯（Célèbes）海，西里伯（Célèbes）海有馬加撒（Makaasar）海峽通爪哇海，然此道不爲爪哇婆里與中國各港通航者所利用。爪哇之使臣赴中國，乃循邦加（Banka）海峽，沿蘇門答剌，馬來半島，越南半島行，而抵交州，廣州。其中有一部份爲印度移民東漸之故道，故於沿途之港，尚見印度傳佈文化人之後裔，及印度化之土著。是亦馬來羣島人之遠祖，自恆河東南赴爪哇海所遵之古道也。考爪哇，蘇門答剌，馬來半島，越南半島之交際，爲時甚古。夫欲此種交際之維持，及與中國之直接關係成立，非有一種爪哇，吉蔑，占波，交趾，及中國之海軍不可。此種南海土著海軍問題，雖甚重要，然據予所知，尚無人研究及此。馬來羣島之東部及越南半島之古史，前爲吾人所不明。茲因中國及安南史文之翻譯，以及梵文，吉蔑文，占波文，柬浦寨文碑誌之刊佈，始漸了解。史文及碑銘固未完全表露，然其證據確著，綜合研究之，實有裨於學問匪淺。茲將所輯之史料，列述於下。

中國　前漢書地理志（卷二十八下）云：『自日南障塞，徐聞合浦船行可五月，有都元國，又船行可四月，有邑盧沒國，又船行可二十餘日，有諶離國，步行可十餘日，有夫甘都盧國，自夫甘都盧國船行可二月餘，有黃支國，民俗略與珠厓相類，其州廣大，戶口多，多異物，自武帝以來（紀元前一四〇至八六年間）皆獻見，有譯長屬黃門，與應募者俱入海，市明珠，璧流離，奇石，異物，齎黃金雜繒而往，所至國皆稟食爲耦，蠻夷賈船轉送致之，亦利交易剽殺人，又苦逢風波溺死，不者數年來還，大珠至圍二寸以下，平帝元始中（紀元一至六年）王莽輔政，欲燿威德，厚遺黃支王，令遣使獻生犀牛，自黃支船行可八月到皮宗，船行可二月到日南象林界，云黃支之南有已程不國，漢之譯使自此還矣。』

中國　紀元四十四年時，馬援平交趾，上言曰（見水經注引交洲外域記）：『臣謹與交趾精兵萬二千人，與大兵合二萬人，船車大小二千艘，自入交趾於今爲盛。』

爪哇　後漢書南蠻西南夷列傳云：『永建六年，（按是年十二月應爲一三二年初）日南南徼外葉調（按古爪哇文作 Yava-dwipa，梵文作 Yavadvipa，卽爪哇也。）王便，（按便古讀如 wien，卽古爪哇文之 Warman，梵文之 varman，爲君主之尊號，非人名。）遣使貢獻。帝賜調便（按卽古爪哇文之 dewa-warman，梵文之 devavarman，亦尊號也。）金印紫綬。』

印度　後漢書西域傳云：『和帝時，（八六至一〇五年）天竺數遣使貢獻。後西域反畔乃絕。至桓帝延熹二年，（一五九年）

四年（一六一年，）頻從日南徼外來獻。』沙畹（Chavannes）云：一五九年及一六一年之天竺使臣所遵之道，亦卽一六六年所謂大秦王安敦（Marc-Aurèle）遣使所取之途。此羅馬使臣之遣派，有人以爲當時陸地因 Avidius Cassius 征安息，旋有瘟疫，道路梗阻，絲之交易斷絕，Marc-Aurèle 乃通海道，故遣使至中國。其實此人爲一尋常商賈。中國與大秦之海上交通，不始於 Marc-Aurèle 之時。紀元一二〇年時，已有大秦幻人至撣國（緬甸）也。

吉蔑　吳歷曰（譯者按：原文爲 Wou-li，不知爲何書所引：）『黃武四年（二二五年，）扶南等外國獻流離（按卽玻璃。）』

吉蔑　同時（譯者按：原書未注明出處，似據梁書卷五十四海南諸夷列傳譯文）扶南國人共舉大將范蔓爲王。蔓勇健有權略。復以兵威攻伐旁國，咸服屬之。自號扶南大王。乃治作大船，窮漲海。攻十餘國。開地五六千里。』

吉蔑　水經注卷一引扶南傳曰（譯者按：水經注卷一及卷三十六所引扶南傳，皆無下述之文，所舉書名，似有誤也。）『昔有嘾楊國人，自天竺來扶南貿易。以天竺土俗告扶南王范旃曰：「其國佛道所興國也。貨財充積，土地饒沃，百物恣心所欲。歷來各大國，莫不賓服。」旃詢其國遠近，何時可至。其人答曰：「離此三萬里，來去須三四年。其國居天地之中。」云云。（譯者按：下文見梁書中天竺條：）『吳時（二二二至二八〇年，）扶南王范旃遣親人蘇勿使其國。從扶南發投拘利口，循海大灣中正西北，入歷灣邊數國，可一年餘，到天竺江（卽恆河）口，逆水行七千里乃至焉，天竺王驚曰：「海濱極遠，猶有此人乎！」即令觀視國內。仍差陳宋二人，以月支馬四疋報旃。勿積四年方至。其時吳遣中郎康泰使扶南，及見宋等，具問天竺土俗。」云云。

交趾及占波　二四八年，林邑兵寇交趾（今東京）九真（今清化）殺傷甚多，並破來禦之舟船。其地遂以古戰灣名。（譯者按：此條不知何所本。惟古戰灣名，見水經注。）

占波　三五九年，交州刺史溫放之（譯者按原文爲 Wen-Fang-tche，應爲晉書卷六十七溫嶠傳，嶠子放之。此一條亦不知本於何書。）以兵及舟師征林邑。

交趾及占波　四〇七年，交趾太守杜瑗，遣海邏督護阮斐，討破林邑，斬獲甚衆。時晉室已衰，天下大亂，諸州刺史更相爲叛。范胡達（三八〇年至四一二年之林邑王）乘勢侵寇日南，九真愈甚，舟師焚掠邊海各地。自是以後，無歲不寇。（譯者按：此條亦不知本於何書。）

占波　四三一年，林邑王范陽邁（按 Yan-mah 占波語，金王也。）遣樓船百餘寇日南，九真。（譯者按：此條見宋書卷九十七）。

交趾及占波　四三一年，亦即交趾與林邑海上舟戰之年。林邑舟師敗績。（譯者按：此條節引水經注卷三十六引林邑記，交州刺史阮彌之征林邑事。惟事在元嘉元年。此條則據宋書，梁書，南史，作元嘉八年。）

吉蔑及中國　扶南國之僧人，昔亦曾至中國。（譯者按：本條見續高僧傳卷一。）其一僧名僧伽婆羅（Sanghapala），生於四六〇年。聞齊國（四七九至五〇一年）弘法，隨船至都。梁天監五年（五〇六年，）武帝敕召於扶南館等五處傳譯佛書，十有六年。普通五年（五二四年）卒年六十有五。

又一扶南沙門名曼陀羅（Mandra, Mandrasena），五〇三年大齎梵本，遠來貢獻。勅與婆羅共譯……雖事傳譯，未善梁言。

占波　水經注引林邑記曰：『盡紘滄之徼遠，極流服之無外。地濱海。』（譯者按：原著下有『衆國舟船所經』之譯文，然水經注無此語也。）

印度及中國　據賈耽皇華四達記所述，安南有陸路可通印度。然達摩（Bodhidarma）至番禺，乃泛海而來（五二一年，）可知當時海行較便也。

印度吉蔑及中國　據圖書集成引梁四公記，（並見太平御覽卷八〇八，）扶南大船從西天竺國來賣碧玻璃鏡。

中國　六〇五年，隋以兵舟擊林邑，破之。

交趾崑崙及中國　七六七年，闍婆崑崙人侵入鎮南都護府之交州，都護張伯義，招都尉敗之於朱鳶。（譯者按：此條據著者云，出馬司帛羅之占波史。查占波史，又云出大越史記。今未見此書，不知大越史記又本何書。）

爪哇　據占波梵文碑誌云：七八七年，爪哇以舟載兵來焚賓童龍（Panduranga）都城西方之 Bhadradhipatiçvara 廟寺，變爲荒墟。

交趾及占波　新唐書卷二二二下曰：『環王元和初（八〇

九年）不朝獻。安南都護張舟執其僞驩愛州都統，斬三萬級，虜王子五十九。獲戰象，舠鎧。』

吉蔑　據八八九至九〇八年君臨眞臘（Cambodge）之 Yaçovarman 王碑誌云『予以此王較海爲深，所以其敵人畏之，寧可投身於海。彼於一遠征之際，破數千舟於大海之沿岸，以示必勝。』

爪哇　栽德（Abu Zayd）當九一六年時，記述有云：古時有爪哇（Djawaga），其王以千舟載兵征吉蔑。

爪哇占波波羅飛利濱三佛齊及古邏　宋史食貨志曰：『開寶四年（九七一年），置市舶司於廣州。後又於杭，明州置司。凡大食（Arabes），古邏（Kalah），闍婆（Java），占城（Campa），勃泥（Bornéo），麻逸（Philippines），三佛齊（Palemban）諸蕃，並通貨易。以金、銀、緡錢、鉛、錫、雜色帛、瓷器市香藥、犀象、珊瑚、琥珀、珠琲、鑌鐵、鼊皮、瑇瑁、瑪瑙、車渠、水精、蕃布、烏樠、蘇木等物。

占波　九七九年，占波王 Parameçvarvaman 以舟師攻安南。舟入富良江（紅河）過大鵶及小康海口。夜爲暴風所覆，惟王舟得張帆遁去。（見占波史引大越史記。）

交趾　數月之後，安南大將黎桓廢主自立。治海舟以兵擊占波，攻殺其王。（見占波史引大越史記。）（譯者按：通考載端拱元年，占城遣使貢方物，且訴爲交州所攻國中人民財貨皆爲所掠，卽指此戰。）

占波　九九五年，占波王 Indravarman V. 遣使朝宋太宗，奉表詞甚恭順。且言自京師渡海萬里至臣國。

交趾　一〇二一年春，占波北境之布政寨（今廣平府內，）爲安南舟師所侵。（以上二條，見占波史。）

占波及交趾　一〇四三年，占波王 Jaya Sinhavarman II 以舟師侵安南海岸。安南太宗李佛瑪（一名德政）乃命開皇王日尊攝政。治百餘海舟，具萬櫓，自率之以擊占波。（據占波史引越史略，及越史通鑑綱目。）

交趾　一〇六九年，安南聖宗李日尊，命舟師擊占波，擒其王。（據占波史引越史略。）

占波　一一二八年，眞臘王 Suryavarman II 以七百舟侵掠清化沿岸。（據占波史引大越史記。）

占波　一一七七年，占波王 Jaya Indravarman IV 以舟師襲眞臘王 Dharanindravarman 之國都，大掠而還。（見宋史及通考，）

占波　一二〇三年，占波王 Suryavarman 以二百舟至九羅。（據越史通鑑綱目卷五。九羅在今奇英讓海口。）

吉蔑　一二〇七年（據占波文爲一二一六及一二一八年，此據安南大越史記，）占波王 Jaya Harivarman II 之長子，育於 Jayavarman VII 之宮廷者也，以眞臘兵攻安南之乂安。

中國　一二八二年七月，元世祖討占城，發軍五千，海船百艘，戰船二千五百，命唆都將之以行。次年五月，又調軍萬五千人從征。一二八四年，又發軍萬五千人，船二百艘，船不足，命江西省益之。（見元史世祖本紀卷十二十三。）

中國　元世祖使右丞孟淇使爪哇。爪哇黥其面使還。元帝怒。一二九二年，命亦黑迷失及史弼將兵三萬伐之。師會於泉州。次年春，舟師次占城，（譯者按：以上見元史，後未詳出何書。）分爲兩隊。一隊討爪哇。一隊安撫南無力（Lamuri），蘇末都剌（Sumatra），八剌剌（Perlak）諸國。

交趾及占波　一三七七年至一三八七年間，安南與占城海戰數次，當占城王制蓬峨之時代也。（見大越史記全書。）

入朝中國之使臣

交通既有舟船，國交遂以聯絡，由是有使臣之派遣焉。此項入朝中國之使臣，隨從之人甚衆，所需舟船亦多。其目的似在以本地之方物，暨象犀虎獅之屬，獻之於中國皇帝。茲將中國史書所誌，南海諸國朝貢之事，彙錄於下。

爪哇國在中國史書中，有葉調、闍婆婆達、訶陵、闍婆、爪哇諸名。其使臣朝貢之年如下。

一三二年，四三三年，四三五年，六四〇或六四八年，六六六年，七六七年，七六八年，八一三年，（獻僧祇奴四，五色鸚鵡，頻伽鳥等，）八一八年，八二〇年，八三一年，八六〇至八七三年，（獻女樂，）九九三年，一三〇〇年，一三七〇年，一三七二年，一三七五年，一三七七年，一三七九年，一三八〇年，一三八一年，（獻黑奴及方物，）一三八二年，（獻黑奴、大珠、胡椒、）一三九三年，一三九四年，一四一五年，一四一六年，一四一八年，一四三二年，一四四〇年，一四四六年，一四五二年，一四六〇年，一四六五年，一四九九年。

爪哇島中之訶羅單國，四三〇年遣使獻金剛指環及鸚鵡鳥，天竺國白疊吉貝，葉波國吉貝，（葉波似即健馱羅(Gandhara)，吉貝棉也。）等物。四三三年，四三四年，四三六年，四三七年，四四九年，四五二年，皆有貢使至中國。

吉蔑一地，初名扶南，後名真臘者也。於下記之年，遣使至中國。

二二五年或二二五至二三〇年間，二四三年，二六八年，二八五年，二八六年，二八七年，三五七年，四三四年，四三五年，四三八年，四八四年，五〇三年，五一一年，五一四年，五一七年，五一九年，（送天竺旃檀瑞像，婆羅樹葉，幷獻火齊珠，鬱金蘇合等香，）五二〇年，五三〇年，五三五年，五三九年，（獻生犀，）五五九年，五七二年，五八八年，六一六年或六一七年，六一八至六二六年，六二七至六四九年，

占波一地，中國史書中有林邑、環王、占城諸名。自三世紀以來，即有使臣至中國。初見於記載者爲二三〇年。此後爲二六八年，二八四年，三四〇年，三七二年，三七三年，三七七年，三八二年，四一四年，四一七年，四二一年，四三〇年，四三三年，四三四年，四三八年，四三九年，四四一年，四五五年，四五八年，（獻金銀器及香布諸物，）四七二年，四九一年，四九二年，五〇二年，五一〇年，（獻白猴，）五一二年，五一四年，五二六年，五二七年，五二九年，

五三四年，五六八年，五七二年，五九五年，六二三年，六二五年，六二八年，（獻犀牛）六三〇年，六三一年，六四〇年，六四二年，六五三年，六五四年，（獻馴象，）六五七年，六六九年，六七〇年，六八六年，六九一年，六九五年，六九九年，七〇二年，七〇三年，七〇六年，七〇七年，七〇九年，七一一年，七一二年，七一三年，七三一年，七四九年，七九三年，九五一年，九五八年，九五九年，九六〇年，九六二年，九六六年，九六七年，九七〇年，九七一年，九七三年，九七四年，九七六年，九七七年，九七八年，九七九年，九八二年，九八三年，九八五年，九八六年，九九〇年，一〇〇四年，一〇〇六年，一〇一〇年，一〇一一年，一〇一五年，一〇一八年，一〇三〇年，一〇四二年，一〇五〇年，一〇五三年，一〇五六年，一〇六一年，一〇六二年，一〇七七年，一〇八六年，一〇九二年，一一〇四年，一一一六年，一一二七年，一一二九年，一一五五年，一一六七年，一一七四年，一一七六年，一二七九年，一二八〇年，一二八一年，一二八五年，一三二二年，一三二三年，一三二七年，一三二八年，一三三〇年，一三六九年，一三七〇年，一三七一或一三七二年，一三九一年，一三九七年，一三九九年，一四〇三年，一四〇四年，一四〇五年，一四〇六年，一四〇八年，一四〇九年，一四一〇年，一四一二年，一四一三年，一四一五年，一四一六年，一四一七年，一四一八年，一四一九年，一四二〇年，一四二二年，一四二三年，一四二四年，一四二五年，一四二六年，一四二七年，一四二八年，一四二九年，一四三〇年，一四三一年，一四三二年，一四三三年，一四三四年，一四三五年，一四三六年，一四三八年，一四三九年，一四四〇年，一四四一年，一四四二年，一四四三年，一四四五年，一四四六年，一四五三年，一四五九年。

比較外國使臣至中國者，以爪哇爲最少。自二世紀迄十五世紀之間，僅有三十餘次。如詳細檢閱中國史書，容或不止此數。中國人視此類使臣之來朝，卽爲外國臣服之證。彼來朝者之目的，或別有所圖，故不惜自卑以媚『天子』。遠東之外交，實巧不可測也。爪哇之使不常至中國。乃明時爪哇、貢使至廣州，其地之長官反病爪哇貢使頻來，所費太多，（事見明史，）可以覘貢使之目的，有利則至，無利不來也。

茲引通考所誌于陀利入貢一事，可見此種通使之作用。據云：「梁天監元年（五〇二年，）其王瞿曇脩跋陀羅（Gautama Subhadra）夢一僧曰：「中國今有聖主，十年之後，佛法大興。汝若遣使貢奉禮敬，則土地豐樂，商旅百倍。若不信我，則境土不得自安。」云云。當時梁武帝好佛，爲外國所知，故外國假以逢迎。故馬端臨又曰：『梁武帝好佛之志，通於華夷。適干陀利以其時入貢，佞臣黠僧遂立此說，導之以納諂，非事實也。島夷朝貢，不過利於互市賜予，豈真慕義而來。况所謂瞿曇脩跋陀羅者，本佛之徒，亦欲其教之行於中土，又安知其不自神其說，以中帝之欲乎。』

總而言之，此類使臣，常以得中國朝廷之賞賚逾於貢品之價値爲目的，亦一種謀利之商業也。有時且有外國以掠奪之物爲貢品，因以爭訟者。閱馬端臨另一記載可以知之。據通考曰：

『乾道三年（一一六七年），占城鄒亞娜（按即占波王 Jaya Harivarman IV）遣使入貢，詔受其獻十分之一。既而福建市舶司言，大食國人烏師點等，訴占城入貢即所奪本國物。上以爭訟卻之。……臣僚亦言，鄒亞娜承襲，若以禮入貢，則當議封，既與大食爭訟，難即降詔，俟再貢如禮，然後賜命。』

爪哇、吉蔑、占波三國，最先遣使中國時，在一三二年，二二五年，二三〇年。當時中國史籍既有證明，其地之文化發達可知。此種記載，關係實甚重要也。一三二年遣使至中國之爪哇國王，名調便，調便即梵文 Devavarman 之譯音，又可藉以知當時此島受印度化已久。Devavarman 爲一種尊號 abhisekanaman，其義猶言天佑。國王既用此外來之尊號，可知一三二年時，此島早已染印度之風習信仰矣。

當印度最初傳佈文化人至爪哇之時，其人民之程度，必與今日越南半島，馬來羣島及馬達伽斯伽（Madagascar）島之野人相等。三十年前，予在馬達伽斯伽島時，曾與從未與外族相接近之土人接談。據云：『相傳彼等祖先，在二千年前，由海外之一地移此。』此海外地方，應爲馬來羣島。

爪哇人印度化之前，其程度或不及馬達伽斯伽島之土人，蓋馬達伽斯伽島土人，尚能憶及其祖先來自海外一地。而爪哇人則鮮有憶及其祖先來自恆河東方者也。

據古代之傳說。印度人之殖民馬來羣島，爲一種和平的移徙。又據十八世紀末年及十九世紀初年，歐洲人所聞之傳說，其殖民之方法，大致如下：『印度二三船舶，航行至爪哇，卽以其禮物，醫術，護符，與本地酋長相接近。此種方法，自阿丁（Aden）及斐洲以東至中國沿岸，皆有效驗。外來之人，應表示其富，並眩其治病除災之能。印度人頗諳練此術，初至其地，不用通譯，自習其語言。設與酋長之女結婚，尤易收傳佈文化之效果。』顧爪哇語言中無相類之名詞可用，遂卽用印度之名稱，古爪哇語遂增無數新名詞。檢閱古爪哇語字典，卽可見印度化之影響。溯自最初印度人滋其地之時，以至土酋已受印度化之際，爲時必甚久也。

據後漢書所載，一三二年時，爪哇王名調便（Varman）。同一尊號，印度數王朝之君主已曾用之。此爪哇調便之遣使至中國，必已習知海外有一强大帝國，故入貢以求保護補助。此爲一種外交政策之開始，非具有高等文化，習知海上航情者，不克爲之。

恆河以東各地之印度化，人以爲在紀元初一世紀時。兹觀前述爪哇之一三二年遣使一事，爪哇之印度化，可上溯至紀元之前，蓋一種文化之輸入，須經長久時間之醞釀，始有成績。由此推之，恆河以東之印度化，必亦在紀元以前也。

爪哇島中之訶羅單國，五世紀時，七次入貢中國。其貢物中有印度之吉貝，可知當時已有印度商人至此國。扶南最初朝貢中國，在二二五年。據圖書集成引吳歷云：黃武四年，扶南等外國入貢流離。此流離卽 Prakrit 文之 verulya，梵文之 vaidurya，卽玻璃也。此玻璃必非扶南土產，似由印度輸入。觀此處流離，及前漢書碧流離之名，不難知其所從來之地矣。

晉書（譯者按：晉書爲通考之訛）略曰：『扶南國有城邑宮室。國人耕種爲務，一歲種，三歲穫。又好雕文刻鏤。食器多以銀爲之。貢賦以金銀珠香。亦有書記府庫。文字類胡。』觀此記載，可知三世紀時，（其使初至中國在二二五年，）吉蔑之文化發揚。又觀其『亦有書記府庫，文字類胡。』二語可證明印度文化已經傳佈。

據晉書（二六五至四一九年，）南齊書（四七一至五〇〇一年，）梁書（五〇二至五五六年）三史所載：『女王柳葉之時，其南有徼國，有事鬼神者，字混塡（Kaundinya），乘船入扶南外邑。柳葉人衆見舶至，欲取之。混塡卽張弓射其舶。穿一面，矢及侍者，柳葉大懼，舉衆降混塡。混塡乃教柳葉穿布貫頭，形不復露，遂治其國。納柳葉爲妻，生子分王七邑。』伯希和考定混塡至扶南之時，最晚不過一世紀下半葉。梁書所載扶南諸王世系，混塡，柳葉生子。其後有數王不詳其名。後有王名混盤況，觀其姓可知爲混塡之後裔，年九十餘乃死。子盤盤立，三年死。

伯希和云，南詔諸王無姓，卽以父名之末一字爲姓，如皮邏閣、閣羅鳳、鳳伽異、異牟尋、尋閣勸、勸龍晟、之類是也。其餘各詔，未爲南詔合併以前，命名之法亦同。（見 deux itinéraires p. 165）。緬甸之風習亦同，斐爾（Phayre）之緬甸史（History of Burma, p. 279）中所列諸王世系表，明著其事也。中國有族姓，外人至中國者，常以其地名省爲姓，如月支之支，天竺之竺，康居之康是也。（見伯希和撰 Le Fou-nan, p. 252）。此例之外，更有林邑，扶南國王之姓范，葉調（爪哇）王之姓便，皆爲印度化王號 Varman 之省稱。右述扶南創始諸王，前二王首一字皆爲混，著其姓也。後一王祗名盤盤，此名與盤盤國名相同。據梁書云：『其後王憍陳如（Kaundinya），本天竺婆羅門也。有神語曰：「應王扶南。」憍陳如心悅，南至盤盤。扶南人聞之，舉國欣戴，迎而立焉。復改制度，用天竺法。』此扶南王之名盤盤，與此國似不無關係。

盤盤死，國人共舉大將范蔓爲王。以兵威伐傍國，威服屬之。自號扶南大王。蔓死，蔓姊子旃殺太子金生，自立爲王，在位二十年。二四三年之貢使，爲旃所遣。二二五至二三〇年間之貢使，或亦爲其所派。當二四〇至二四五年間，此扶南王又曾遣使至天竺謁茂論（Murundas）王朝之國王。此王在位應在二二五至二四五年時也。後范蔓之少子長，又襲殺旃。旃大將范尋，又殺長而自立。吳使康泰，朱應至此國，卽在范尋王扶南之時。

當此二百年間之扶南王，據梁書所記，其數在六人以上；因混塡之後有若干王，爲史所未載，而混塡，混盤況，范蔓，諸王在位年數，亦未能詳也。

在位國王之數，固未能知，然混塡至扶南之時，當約略可考。然則何以知之？吾於史書所載柳葉時代扶南人倮身跳行一事知之。其人旣未至衣服時期，其未開化可知。嗣後吳，晉之時，乃有城邑宮室，彫刻之物，銀製食器，書記，府庫，文字，大船，又有外交使臣，其文化已蒸蒸日上可知矣。此開化時，與柳葉時代倮身跣行之時相距，必有數百年。混塡至扶南，應在紀元以前也。

漢之日南郡，考其今地，北至橫山，南至 Varella 角。所屬五縣，最南者爲象林，卽後來林邑之都城也。旋由象林一變而爲林邑。又由林邑一城之名，一變而爲占波全國之號。林邑之名，初見於漢初平年間（約當一九二年時）縣功曹姓區，有子曰連，殺縣令，自號爲林邑王。此時之前五十五年時，日南象林徼外蠻夷區憐等數千人，攻象林縣，燒城寺，殺長吏。又前三十七年時，日南象林蠻夷二千餘人，寇掠百姓，燔燒官寺。

鄂盧梭（Auronsseau）云昔之占種據地，在日南郡之南，今日 Nha-trang（譯者案：其地似名衙莊）及 Phan-rang 之間。其勢漸北侵，蠶食日南，而成一獨立大國。考當時人名有區憐，區連。地名有區粟，此區粟或爲漢西捲縣之譯名。地在今之順化。又占種居宅之一部，有名西區者。區字凡數見，疑皆指古之占種也。

古之日南，雖無明文可以引證，然予以爲卽占種所居之地。考後漢書任延傳，當紀元二十五年時，延爲九眞太守。九眞（今之淸化省）俗以射獵爲業，不知牛耕。延乃教之墾闢田疇。又考後漢書南蠻西南夷列傳，凡交趾所統，雖置郡縣，而言語各異，重譯乃通。人如禽獸，長幼無別。項髻徒跣，以布貫頭。且叛服無常，時寇掠百姓，燔燒城寺，攻殺長吏。郡縣發兵討擊，則遁走深林。此等記載，皆可引爲傍證也。

考安南淸化省 Vo Can 村之梵文占波碑，上有 çri mara

之名稱。馬司帛羅（G. Maspero），考證此人，似爲二世紀時之人，且擬爲一九二年自號林邑王之區連。予以此 çri mara 不特可視爲一九二年之區連，且亦可視爲一三七年之區憐，或一〇〇年象林蠻夷之渠帥，其人旣聚有數千之多，非烏合之衆可比，必爲一種有組織的反抗漢朝統治之舉動也。

今日之東京及安南地方，紀元前三世紀時，卽爲秦始皇所侵略。前漢（紀元前二〇六至紀元二十四年）及後漢（二五至二二〇年）時，分爲交趾（河內）九眞（淸化）日南三郡。當漢人征服日南之時，其地土著已受印度化，亦非不可能之事。觀其略地祇能南至 Varella 角，而三郡之內帶有叛亂，二事，似其地之土人，已有種族之自覺心，雖屢敗而其志不屈。中國史書雖言其人爲射獵不知耕種之蠻夷，吾人頗疑其語焉不實。土人之叛，或在象林，或在日南徼外；可見其南必爲一獨立國，其血統與象林之人同也。

由前之假說，吾人以爲漢時象林之土著，與象林南方之鄰國，爲同種。其能構成一種國民，似由一種共同印度化有以致之。最初印度傳佈文化人之來此，應在紀元前三四世紀時，前述之çri mara，君臨其地，應在是時。予前因一三二年爪哇國王之用梵文尊號，遂斷其印度化在紀元之前。爪哇開化既早，扶南，占婆二地，似亦不應落後也。

若吾人將爪哇、扶南、占婆、三國印度化之時，位置於紀元之前，其古代之歷史，始易解說。蓋須有數百年之文化，始有一名

devavarman 之君主，遣使至漢朝，須有一混塡之裔扶南，始有一用 Varman 尊號之范蔓，以海軍征服鄰國，而其後王范旃始能遣使至中國及天竺也。占波初遣使至中國在二三〇年。其以舟師侵交趾，九眞，在二四八年，其開化已久可知。總之，此三國之印度化，在紀元之前，似無可疑。其造舟之術，必亦傳之印度。三世紀初年，范蔓治作大船，窮漲海，攻十餘國，其非尋常蠻人小舟可知。又如三國之遣使，又必需大船可知。第駕大船航行遠海，又非深悉數術、物理、天文之人，莫辦也。

觀二三世紀時爪哇，扶南，占波之遠征，及其遣使中國二事，其印度化不在一世紀時，應遠溯至紀元前四五世紀時也。

由是觀之，古代吉蔑、占波、及馬來羣島西部之印度化，成績甚佳。始因紀元最初數世紀中，國內文化之展佈，繼以國外事業之擴張，遂效法其印度之傳佈文化人，而爲輸出商人，遠海航客，通明外交使臣矣。各國旣視中國交際爲名利兼收之舉，而中國方面亦不冷淡遇之。當紀元前三世紀時，秦始皇已略取東京及安南。百年之後，漢武帝時，遠國皆來朝貢。觀前譯漢書地理志之文，可以見其盛矣。當時漢時使節之行程大致如下。

去程

自東京灣北至都元國，海行五月。

自都元國至邑盧沒國，海行四月。

自邑盧沒國至諶離國，海行二十餘日。

自諶離國至夫甘都盧國，陸行十餘日。

自夫甘都盧國至黃支國，海行二月餘。
共海行十二月，陸行十餘日。

歸程

自黃支國至皮宗，海行八月。
自皮宗至象林，海行二月。
共海行八月。

又考宋史及文獻通考所載，注輦（Coromandel）使臣三文自本國至廣州之行程，在路凡千一百五十日，是於一〇〇六年離印度，於一〇〇九年九月至宋都城也。茲將其海行之行程日期列下。

自注輦歷那勿丹山，婆（宋史作娑）里，西蘭山，至占賓國，七

十七日

自占賓國歷伊麻羅里山，至古羅國，　六十一日

自古羅國歷加八山，古（宋史作占）不牢山，舟寶龍山，至三佛齊國。　七十一日

自三佛齊國度鑾山水口，歷天竺山，至賓頭狼山。　十八日

自賓頭狼山至廣州。　二十一日

共　二百四十八日

如右表，自注輦至廣州約海行八月餘也。注輦使言離本國千一百五十日者，合計其在各地停留之時間而言也。

茲再並列前漢書與通考之行程於下。

前漢書	時間	通考	時間

地名	時日
黃支	二月
夫甘都盧	十餘日
諶離	二十餘日
邑盧沒	
都元	四月
	五月

地名	時日
注輦	
那勿丹山	
婆里西蘭山	七十七日
占賓	
伊麻羅里	
古羅	六十一日
加八	
古不牢	
舟寶龍	七十一日
三佛齊	
蠻山水口	

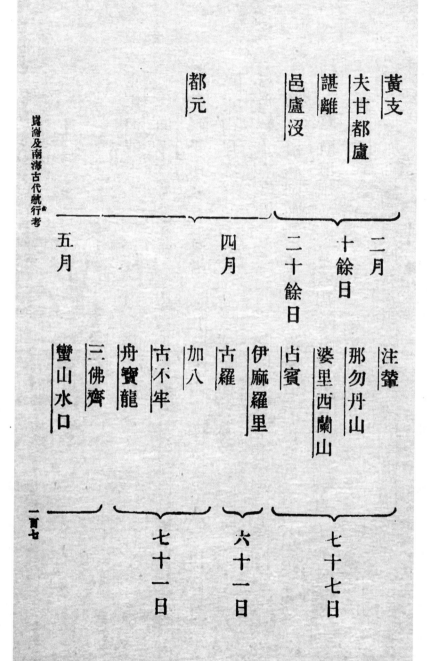

天竺山　十八日
賓頭狼
廣州　二十一日
東京灣北

通考行程之後數程，方望明瞭，不難覆案。三佛齊卽今日蘇門答剌東南之Palemban。蠻山水口今未詳。天竺山卽今馬來半島東南岸之Pulaw Aor島。賓頭狼卽別見之賓童龍（Panduranga），在今安南之Phanrang省。注輦之使臣，經蘇門答剌之南，而不取道滿剌加（Malaka）海峽者，蓋遵當時有數航海家所用之『航海訓教』耳。考周去非嶺外代答亦云自大食故臨（今印度西南之Quilon）及其他西方各國赴中國，須經三佛齊屬境，亦可證明當時航海者不盡取道滿剌加海峽也。

三佛齊以前之各地，惟占賓約略可考。占賓讀若 Campin ，考阿剌伯人撰之印度珍異記，記大猿之產地，有 Sanfin, Lamuri, Kalah, Kakula 等地，記食人之國，有 Fancur, Lamuri, Kalah, Kakula 等地。別有一節，記大阿達曼（Andaman）島有云：『同人某曾作金山（卽蘇門答剌爪哇）之旅行者云，曾在 Sanfin 見一人，說一船之人赴阿達曼（Andaman）島，皆爲土人所食，惟彼幸免於難。』

Lamuri 地在蘇門答剌北岸。但考阿剌伯人 Sidi Ali 所記，別有一古 Lamuri ，在緬甸沿岸。Kakula 應在 Tenasserim 沿岸。Kalah 卽馬來半島西岸之 Kra ，與地峽同名也。Fancur 卽蘇門答剌西岸之 Baros 。至 Sanfin 應在前述各地之間。

行程中占賓之後有古羅，此古羅卽新唐書地理志賈耽所記之箇羅，今馬來半島之Kra。其西（應作北）有哥谷羅，卽印度珍異記之Kakula，其地應在Tavoy（緬甸沿岸。）據此尋求注輦使臣之行程，自注輦放洋，經那勿丹山，婆里，西蘭山，而至緬甸沿岸之占賓，其間二山尙未考定。復由占賓經未考定之伊麻羅里山。至馬來半島沿岸之古羅（Kra）。自是歷占不牢山，舟寶龍山，至蘇門答剌東南之三佛齊。因其間有數島之方位未詳，尙難斷定其航行河路，係經沿蘇門答剌西岸一路歟，抑經越滿剌加（Malaka）海峽一路歟，皆可能也。後一路較近，然海寇堪虞，阿剌伯水手卽由此路赴東方。前一路亦不乏航行之船，嶺外代答曾言，西方諸國之人繞由巽他（Sonde）海峽，再逕向北行，則亦有航行此路者也。

至前漢書之行程之考定，則較考定通考之行程爲難。赫爾曼（Herrmann）以爲黃支國在斐洲之阿比西尼國（Abyssinie），而勞費（Laufer）則據後漢書南蠻西南夷列傳，元始二年（紀元二年：）『日南之南，黃支國來獻。』之文以爲其地在馬來半島。此二說皆非也。前一說不足辨；第二說亦非。予以爲馬來半島無有使中國遣使之價值。

黃支應在印度境內，蓋黃支得爲 Kanci 之譯音，其地卽今日之 Conjevaram，在 Madras 之西南，亦卽大唐西域記之建志補羅（Kancipura），宋高僧傳及貞元新訂釋教目錄之建支。此三書以齒鼻音之『建』譯顎鼻音之 Kan，而前漢書則譯以喉音之『黃』考印度通志（Imperial Gazetteer of India, Provincial series, Madras）曰：『建志補羅（Kancipura）爲南印度之古城。紀元初數世紀中，Pallavas 王朝建都於此。』則紀元二世紀前此國遺使至中國，爲意計中必有之事。就音學言，黃支可譯 Kanci。就歷史言，時代亦相符也。

中國使臣去時，在途十二月，歸時在途十月。十一世紀初年，注輦使臣赴廣州之行程，則爲八月餘。年代雖隔千年之久，然其旅行之時間大致不差。

漢使所歷之地有名皮宗者，今不難考定其所在。考西洋朝貢典錄所誌，由浡淋邦（Palenban）至滿剌加之行程有云：『離三佛齊（Palenban）二十五更之後，至披宗之嶼。』魯克希(Rocklih）考定此披宗，卽 Pulaw Pisan 島，華言甘蕉島也。地在馬來半島西南沿岸，北緯一度三十分之間。顧甘蕉為熱道之出產，其名甘蕉島者，不僅一島。小海圖（Petit Atlas maritime）所載有二 Pisang 島，皆在馬來半島沿岸：其一在西，卽前述之島；其一在東，處 Tioman 島及 Aor 島二島之間。

離黃支二月程之夫甘都盧國，復核其音為 Pukam-tu-lu 其末一字亦可代 -ru,-ro,-rau, -lo 諸音。又考中國譯音先例，都盧亦得為 tru 之對音。至夫甘之元音 pukam，與占文碑誌之 Pukam，暹羅文之 Phukam，嶺外代答，諸蕃志，宋史之蒲甘，巴利（Pali）文之 Pokkan，緬甸文之 Pukan，音皆相類。凡此諸名，皆指緬甸之蒲甘（Pagan）古城，今尚能於伊拉瓦底（Irraouaddy）江左岸見其廢址。相傳此王都建於二世紀時，（見印度通志緬甸志）此種傳說，得與前漢書參證也。查諸蕃志蒲甘條下謂，紀元一一一五年：『諸葛武侯南征。其國立有諸葛亮祠。』

又考諸蕃志引嶺外代答云：『欲往注輦，當自故臨國（Quilon）易舟而行，或云蒲甘國亦可往。』則當時有二道可循也。其一自東至西，橫渡孟加拉（Bengale）灣，至錫蘭及故臨。其一出滿剌加海峽，沿緬甸海岸至印度。

考皇元征緬錄，Pagan 當時卽名蒲甘。一二九九年時 Myinsain 之擺夷總督阿散哥也（Asamkhaya）之兄，僧哥倫（Rajasamkrama, Simhasura）等負固於不甘丽宿吉老亦地方。薛超兀兒領兵水陸共進，圍其蒲甘城。按漢之夫甘都盧，元之不甘丽宿吉老亦，或爲一地，蓋夫甘，不甘，音相類也。

中國遊記述由中國至印度，及由印度至中國之行程，今多班班可考。佛國記之法顯，四一四年時，自獅子國（Ceylan）附舟至耶婆提（Yava-dvipà）別言之，自錫蘭島逕赴爪哇也。十年後之求那跋摩（Gunavarman），歸時亦遵此路。

義淨之行程較詳。六七一年，發自廣州，順東北信風，南行至佛誓（Palemban）。海行十五日，至蘇門答剌東岸 Jambi 河上之末羅瑜（Malayu）。又十五日，至馬來半島西岸之羯茶(Kedah)。從羯茶北行十餘日，至裸人國（Iles Nicohar）。向西北行半月餘，抵印度 Hoogly 河上之耽摩立底（Tamralipti）。

又據大唐西域求法高僧傳無行傳與智弘爲伴，東風汎舶，自交州一月到室利佛逝國（Palembang）。行十五日，達末羅瑜洲。又十五日，到羯茶國。又西行經三十日，到印度東南之那伽鉢亶那（Nagapattana）。又二日，抵獅子洲（Ceylan）。

六八五年，義淨自耽摩立底歸中國，路經羯茶，佛誓。留佛誓四年。於六八九年至廣州。

據貞元新訂釋教目錄，七一七年，金剛智（Vajrabodhi）自獅子國（Ceylan）赴廣州。行一月，至佛誓（Palembang）。又據宋高僧傳金剛智傳云：『次復遊獅子國。東行佛誓，裸人等二十有餘國。』據此二書所述，其行程蓋發自錫蘭，經 Nicobar 島，過滿刺加峽，停 Palembang，復泛海至中國也。

十二世紀之前，述行程最詳之記載，莫逾於七八五年至八

○五年間賈耽撰之四夷路程，（新唐書卷四十三下）所記自
廣州航海至波斯灣之路程如下。

廣州東南海行二百里至屯門山（香港之北。）乃帆風西
行二日至九州石（海南島之東北角。）又南二日至象石（Tin-
hosa）島，或其南一島。）又西南三日行至占不牢山（Culao
Chan）山在環王國（Campa）東二百里海中。又南二日行至陵
山（Sa-hoi角左近。）又一日行至門毒國（Quinhon沿岸。）又一
日行至古笪國（古之Kauthara，今之Nha-trang。）又半日行至
奔陀浪洲（古之Panduranga）。又兩日行到軍突弄山（阿剌
伯人之Kundrang，今在Saint-Jacques角左近。）又五日行至海
峽，蕃人謂之質（星加坡（Singapour）及滿剌加（Malaka）峽，）

南北百里。

（一）北（應作東）岸則羅越國。（馬來半島之南部。）

南（應作西）岸則佛逝國。（即Palemban，廣言之即蘇門答剌南部。）

（二）佛逝國東水行四五日至訶陵國〔爪哇（Java）〕，南中洲之最大者。

（三）又西出硤，三日至葛葛僧祇國。（此名或爲馬來語Kakap Jengi之譯音，尚難定爲何處。疑即黑人峽（Selat Zangi），即今之Gaspar峽）。在佛逝西北隅之別島。國人多躁暴，乘船者畏憚之。

（四）其北（應作東）岸則箇羅國（Kra）。箇羅西（應作北）則哥谷羅國。（卽印度珍異記之 Kakula ，宋史之葛古羅。）

（五）又從葛葛僧祇四五日行至勝鄧洲。又西五日行至婆露國。（按 Baros 島所出之樟腦，名 Kapur Barus 卽六世紀上半葉中國所稱之婆律膏也。此婆露應卽 Baros）又六日行至婆國（Nicobar 島）伽藍洲。又北四日行至師子國〔錫蘭(Ceylan)〕。其北海岸距南天竺大岸百里。又西四日行經沒來國（Malabar，沿岸）南天竺之最南境。

據嶺外代答云『三佛齊（Palemban）者，諸國海道往來之要衝也。三佛齊之來也，正北行，舟歷上下竺（Pulaw Aor），乃至中國之境。……闍婆（Java）之來也，稍西北行，再過十二子石，而與三佛齊海道合於竺嶼之下。』

『大食國之來也，以小舟運而南行，至故臨國（Quilon）易大舟，而東行至三佛齊國，乃復如三佛齊之入中國。其他占城（Campa），真蠟（Cambodge）之屬，皆近在交趾（Tonkin）洋之南，遠不及三佛齊（Palemban）闍婆（Java）之半。而三佛齊，闍婆，又不及大食國之半也。諸蕃國之入中國，一歲可以往返，惟大食必二年而後可。大抵番舶風便而行，一日千里，一遇朔風，爲禍不測。幸泊於吾境，猶有保甲之法。苟泊外國，則人貨俱沒。』

據右引六種著作，法顯及求那跋摩之行程，直接自錫蘭島至巽他（Sonde）峽。金剛智則經 Nicobar 島，滿刺加峽至佛逝，復由此至中國。義淨行程則爲廣州、佛誓、末羅瑜、羯荼、裸人國、耽摩立底。當時之佛誓或室利佛逝，亦卽今日之 Palemban，蓋爲佛教僧徒路所必經，或因斯地歡迎佛教法師，故多遵此路歟。嶺外代答未明言舟行蘇門答剌之南北。然賈耽之路程，似已誌有此路也。由是可以推測義淨，賈耽之時，西方來舟，常取道滿剌加海峽，而停室利佛逝也。

概括言之，自七世紀以還，中國，印度間之航路，過滿剌加峽，(Palemban)，及馬來半島之東南沿岸，此中國遊記之航路也。至阿剌伯人則取道滿剌加峽，及星加坡峽。

義淨及賈耽之路程雖詳，吾人尙未能斷定前漢書之皮宗爲滿剌加南之 Pulaw Pisan，抑爲馬來半島東南岸之 Pulaw Pisan。予以爲昔日漢使必亦取道星加坡及滿剌加二海峽。此二皮宗島，皆其行程所必經，必已停舟於一島也。

如前所述印度，越南半島，及馬來羣島之外交的經濟的海航的活動，中國亦曾自動參與也。漢武帝時（前一四〇至八六年，）印度洋諸國皆朝貢中國。二四五至二五〇年間，有康泰，朱應使扶南國。六〇六年，有常駿使赤土國。此姑就其重要使命而言，其他當難勝數。六〇五年時，隋伐占城，敗 Çambhuvarman 王之師，可見當時中國已有重要之海軍。十三世紀時，忽必烈汗之征日本、爪哇，非具多舟不能運載。皆可證明古時中國參加南海沿岸，印度沿岸，其他未經考定印度洋中諸國國際生活之事。

予前此之研究，祗說明中國、占波、扶南、爪哇等國之國際交際。而研究之結果，認定後之三國已於紀元前受印度化。紀元之初，海上不僅有上述四國之舟船航行中國海沿岸，尙有印度船船也。當時吉蔑及爪哇之知有印度，及印度洋陸地海島諸國，皆航運商貨之印度水手商人傳播之功。當時馬來羣島是否與印度有直接關係，惟有晚見十三世紀之阿刺伯人撰述，及十七世紀之葡萄牙人撰述，可以引證。撰述雖晚，然有一事爲民族遷徙史中意外之發明，即古代馬來羣島西部印度化之人民移殖馬達伽斯伽（Madagascar）島一事是也。

據阿剌伯著作家耶德力西（Edrisi）一一五四年之記述云：「黑人（Zangs）無船可航。僅有阿曼（Oman）船航行其地，運載黑人之貨物，至印度各島中之爪哇（Djawaga），以易爪哇之貨物。爪哇島人則以其大舟小舶，運載貨物，來售於黑人。因彼此通曉語言也。』

同一著者又云：『Komr（即馬達伽斯伽）之人，及 Mara-radja 國（即爪哇）之商人至其地（斐洲東岸之 Sofala 人）貿易，其地土人遇之頗善。』十三世紀阿剌伯著作家賽德（Ibn Sa'id）亦明言馬達伽斯伽島已爲馬來羣島人移居之地。

顧脫（Couto）云：『爪哇人昔曾航行至好望角（Cap de Bonne-Espérance）幷與 Saint-laurent 島（即馬達伽斯伽）東岸交通。此島有身褐色及爪哇化之多數土人，自言爲爪哇人之後裔也。』

馬良諾（Luiz Marianno）神甫，一六一三年遊馬達伽斯伽島者也。曾云：『此斐洲大島之人民，確爲外來之移民，有來自滿剌加（Malaka）者，有來自斐洲東南之 Cafrerie 者。據此島東南之某王說，島人非葡萄牙人之後裔，其遠祖乃自 Mangalor 及 Mcca 等地移徙而來。古時彼等自印度沿岸附舟，迷途擱淺於此島之北角云。』

安德拉德（Manuel Freire de Andrade 云）：『Saint-laurent 島之土人，爲蘇門答剌西岸 Atchin 移民之後人，初抵地在此島之東岸。』那伽（Nacquart）及弗拉姑（Flacourt）云：『馬達伽斯伽島之祖先，名 Ramini 或 Raminia，（按卽蘇門答剌男女之意。）彼等來自東方，惟憶其地有二港，其一名 Manguelor 或 Mangaroro 其一名 Mangadsini。』前一港在蘇門答剌之北部，後一港在馬來半島之南端。

據前引諸人所記之傳說，皆屬古時移民之事。據印度珍異記，Ramni, Ramini, Ramin, 諸名，爲阿剌伯語，名蘇門答剌人之稱。又據阿剌伯人所記，由此移徙，遂產生馬達伽斯伽島之 Zafind-Raminia（猶言蘇門答剌之後裔）部落，現居島之東南及中部一帶。

耶德力西所記：『馬達伽斯伽島人爲爪哇移民，彼此通曉語言』二語尤堪注意。蓋斐洲以東之語言，能歸入馬來羣島西部語言統系者，惟有馬達伽斯伽島語言而已。十二世紀之爪哇語，與馬達伽斯伽語，必較今日兩地語言尤爲接近。由此推想馬來羣島語輸入此島之時，必在十世紀之前。

古之移民，必已印度化，蓋今日此島之語言，尚有不少本於梵文之語。今日所用之十二月名，除阿剌伯之以十二宮名十二月之外，兼用梵文十二月名，此種外來月名之採用，必經長久之傳播。予意以爲此島印度化之馬來羣島西部人殖民之時，應更上溯至紀元初年也。

崑崙民族之西徙

茲將歷史重要事實，依其先後分誌於下：

（一）約當紀元前一千年初，其民族由亞洲高原，遵伊拉瓦底（Iraouaddy）江，潞（Salouen）江，湄南（Ménan）江，瀾滄（Mekong）江等流域，徙居恆何以東各地。

（二）前記移民之後裔，復又移殖於馬來半島及馬來羣島各處。此種移殖時間，或在紀元前五百年時。當時馬來羣島爲Negritos及Papous二種人之居地，此種人種今已絕跡。顧新人種及文化之構成，須經數百年之久。昔日印度傳佈文化人在蘇門答剌，爪哇，婆里等地所見者，蓋卽此新人種也。後來沿邊各地之人民，爲中國、回回、歐洲諸移民略爲變化者，亦此人種也。印度人之初來，爲數甚少，僅能與有限土著家族爲血統之混合。當時似未攜帶婦女，與後之中國人回回人及多數之歐洲人同也。

（三）紀元前一四〇至八六年間，印度洋之民族朝貢中國。

（四）紀元一至六年間，王莽輔政時，遣使諭黃支王。

（五）紀元之初，馬來羣島西部印度化之人民，移殖馬達伽斯伽島。

（六）中國與爪哇外交開始在紀元一三二年時，與吉蔑外交開始約在二二五年時，與占波外交開始約在二三〇年時。

（七）紀元二四〇至二四五年間，吉蔑王遣使至印度謁茂論（Murundas）王朝之國王。

（八）二四五至二五〇年，吳使康泰，朱應使吉蔑。

據史文，種族學，語言學，各方之證明，紀元前一千年（假定的）至紀元後二五〇年之大事，蓋如前所記也。南海沿岸諸國之古史，印度與恆河以東各地之古代交際史，以及印度洋之古代航海史，皆當以前述之事實爲根據，重事尋繹也。

紀元前一四〇至八六年，印度洋各國朝貢漢武帝一事，可爲古代遠地民族交通貿易之證明。前漢書雖未說明此種使臣何以至中國，或爲當時『譯長與應募者』所招致，亦未可知。蓋印度洋之國王，若不爲中國官吏所利誘，決不致自動爲此效忠之舉。是就歷史言，紀元前二世紀時，中國與印度洋之交通已經證明，而越南半島及印度羣島印度化之時，必較今人所擬之時爲古也。今日固不能斷定南海之航行是否爲中國所發起；第觀吉蔑及占波之印度化，其國必已爲西方諸國所已知，而秦始皇（紀元前二四六至二〇九年）之略地占波，（象郡）其西方及西南諸民族，亦必爲中國所已知，則中西之正式外交開始，及漢武帝時之入貢，亦爲意中所必有之事。至馬來羣島之人，由其印度之先導通悉航路，遠至斐洲東岸，及馬達伽斯伽島，斯又不足異矣。

亞洲高原民族古時之遷徙恆河東方，及馬來羣島，惟賽德及其後之回教著作家，根據創世紀記述其事，幷言中國人，越南半島人，馬來羣島人，及馬達伽斯伽島人，同出一脈。其立說之起點，固不正確。然此種猶太及回回之傳說，非盡屬子虛。蓋越南半島人，馬來羣島人，及馬達伽斯伽島人，爲亞洲高原古代居民之後裔，爲不能反駁之事。顧越南半島人之血統，又與中國人相近。賽德之論，不能謂爲僻也。

阿剌伯著作家之說，以爲：古有 Komr 民族，與中國人爲兄弟，居其地之東方。後因不和，遷徙於海島，（越南半島及馬來羣島，）其王號 Kamrun。海島之移民，後又不和，非王族之人復離馬來羣島，去之 Komr 大島（卽 Madagascar），其王建都於 Komoriyya 城。

據前說，亞洲高原之 Komr 人，遷徙越南半島及馬來羣島之後，遂名 Kamrun。至遷徙馬達伽斯伽及斐洲東岸之後，又復其 Komr 原稱。則亞洲，斐洲之 Komr，與 Kamrun 之關係，可以見矣。

綜合前述諸說，可表列其系統於下。

亞洲高原之 Komr。
- 吉蔑，占波之崑崙，及越南半島之 Kamrun。
  - 馬來半島之崑崙，及 Kamrun，及其徙居蘇門答剌，爪哇，婆里諸島之人。

一馬達伽斯伽島之Komr，及斐洲東岸之崑崙，及Komr。

至此種印度化之崑崙，移殖馬達伽斯伽島附近斐洲沿岸一事，今日已無蹤跡可尋。據予所知，今日之斐洲考古學者，尚無黑人受古印度化影響之記述。由是觀之，非別求根據，不足以言考索矣。

馬來亞華僑史綱要

馬來亞華僑史綱要

姚枏 著

民國三十二年商務印書館鉛印本

馬來亞華僑史綱要

姚枬著

陳小題

姚枏 著

馬來亞華僑史綱要

南洋研究所編纂
商務印書館印行

張序

西人分治南洋，莫不競圖開發，近百年來，蔚爲大觀，若爪哇，若馬來亞，若菲律賓，尤最著者也，誰負此開發之責任耶，土人乎，否，西人乎，否，印度人乎，亦否，蓋乃吾親愛之僑胞也。以馬來亞言，明初已有吾僑移居滿剌加，星槎勝覽明誌其事，可爲證已。十七世紀初（一六一三年），葡人伊里狄繪滿剌加城市圖，誌有中國村，漳州門，中國溪，中國山（三寶山）諸名，具見其地吾僑之盛，迨一六七八年滿剌加荷太守卜脫之報告出，對吾僑人口始有詳細記載，其數合所蓄之男女奴共計之，凡七一六人，所住瓦房之多，達八一座（見JRASMB第五卷一分册四十面，一九二七年版），若荷人，若葡人，若土人，人雖多，均望塵莫及，蓋彼輩類以茅屋（棕葉）爲主，尚無力經營瓦屋也，則吾僑之雄於經濟，亦自昔而然焉。然馬來亞吾僑勢力之充沛，至英人統治時代始顯，厥後，荒田變爲農園，礦山翻成陷湖，舖設鐵道，修建公路，架電線，築大廈，幾無一不成於吾僑之手，無華僑，馬來亞斷無今日之繁榮，識者共認。繇是英吏莫不盛贊吾僑勞力，有喻華人爲牛，歐人擠乳者，有謂華人勤且儉者，有稱爲耐勞克苦之民族者，獨對吾僑文化，終無一辭，間有阿好之言，亦僅對洋化華人而已。如宋旺相因著新嘉坡華僑百年史（英文本）一書，英王遂封之曰「叟」，可爲明證。其實有識之人，對此溢美之詞，未必樂予接受也。原華僑本身，不重文化，亦貧而成巨富者，固比比皆是，無知而成碩學者，乃百不一見，故吾人於研究南洋學術之中，咸認華僑史為特難，即由於材料之難得也。閩粵兩省縣志，余嘗偶見數種，以採訪未週，簡略殊甚，如最近出版之民國大埔縣志殖外篇，仍有斯憾，至近人所著有關華僑史者，如梁啟超之中國殖民八大偉人傳，暨南大學出版之南洋華僑殖民偉人傳，温雄飛之南洋華僑通史，商務出版之中華民族拓殖史，中國殖民史，南洋華僑史，華僑名人故事錄，以及英文本之華僑概觀等，類多考究未精，瑕瑜互見，至如檳城及吉隆坡出版之華僑名人傳與名人錄，劉煥然所編之英屬馬來亞概覽及荷屬東印度概覽，則以刊登資本家之照片小傳為主，更不能謂為華僑史也。宋旺相之新嘉坡華僑百年史，固詳且備焉，惜人名商號及任何專名，均用羅馬拼音，於是閩人讀之，不明粵人之誰何，客人讀之，不明瓊人之誰何，閩粵兩省以外之人讀之，益覺懵然，因此今人之參攷斯書者，偶一不慎，或張冠李戴，或易姓移名，斯其大弊也。設於撰述之時，附加固有漢名（按宋旺相不識中文），則此書在華僑史中，允稱善本，嘉惠後學，豈淺鮮哉。明清載籍，述及華僑事蹟者，亦有數種，讀瀛涯勝覽，始知施進卿之稱雄舊港，讀海錄，始知羅芳伯吳元盛之王婆羅，讀海島逸誌，始知陳豹卿之貴顯於三寶壠，許芳良之為僑長於巴城，然欲求彼輩之詳細史事，仍不可能，甚矣華僑史撰述之難也。三年前，姚梓良許雲樵韓槐準與余，創中國南洋學會於星洲，頗有志於蒐集華僑史料，以備日後著述華僑誌或華僑通史之用，越時未久，日寇南侵，朋輩星散，余固已返渝，而梓良亦入蜀，聯床話舊，仍以華僑史為念也，旋出示其大著馬來亞華僑史綱要，余讀而愛之，雖僅綱要，但其徵引之博，立論之精，史料之翔實，行文之暢達，在華僑史中已無出其右者。余亟告梓良，歸南洋研究所刊行，以廣流傳，俾國內之研究南洋問題者，有所參考，誠盛事也。夫華僑功在海外，既無人不知，愛護祖國，亦舉世共曉，然國內之注意華僑史事者特鮮，誠大憾事。余甚望梓良之書行世而後，能引起當局興趣，俾日後有更完備之華僑史出版，則吾民族精神之發揚于海外者，將爲國人所共鑑，其關係之大，效益之宏，可與國史並爲齊驅矣。余故樂爲之序，以誌梓良與余相遇之巧及相交之契也。

中華民國三十一年八月二十九日張禮千序於南洋研究所

自序

客歲，余與張禮千許雲樵二先生旅居星洲，既創辦中國南洋學會，刊行南洋學報問世，復議修華僑史，共分四編，曰交通史，曰拓殖史，曰移殖史，曰名人傳。惟茲事體大，所費浩繁，而蒐羅資料，頗需時日，僑賢雖作精神上之鼓勵，未與物質上之助，致遷延未能進行。十一月，國立中央研究院徵集蟻光炎紀念獎金論文，爰作斯稿，以開端倪。今春，倭寇侵擾南洋，遄歸祖國，服務於南洋研究所，乃又攝自行饒，付諸梨棗，所以促國人之注意，冀有更詳細之著述以繼其后耳。今蒙張禮千先生賜序，附此誌謝。

中華民國三十一年八月姚枬識於陪都

目次

馬來亞華僑史綱要

第一節 總論

根據一九四〇年十二月海峽殖民地政府憲報所刊佈，馬來亞人口總數爲五，五〇四，〇九四人，其中華僑計二，三五八，三三五人，僅就星洲一地而論，華僑數目已達五九一，七〇四人之多。回溯一百二十年前，萊佛士爵士（Sir Stamford Raffles）初登星洲海岸之時，滿目荒蕪，人跡稀寥，華僑棲息島上，以種植捕魚爲業者，數僅三十，時檳城與六甲二州雖早已開闢，但據統計，檳城華僑凡七，八五八人，馬六甲方面則僅一千有零，二州華僑總數，未及萬人，曾幾何時，吾族繁殖一至於斯。今日馬來亞窮鄉僻野，無地無華僑寄跡其間，其經濟力量之偉大，乃爲舉世所公認，國父所云：華僑爲革命之母，殆猶不過讚美華僑對於祖國關懷熱烈而已，實則馬來亞各地，微華僑不能有今日之繁榮，尤爲不可磨滅之事實。試略徵引外人之言辭，即可知彼等對於吾僑欽仰之忱，固不必自吾噓植也。

海峽殖民地前總督瑞天咸爵士（Sir Frank Swettenham）不特爲一卓越之政治家，且爲研究馬來亞問題之權威，所述馬來亞華僑開闢炎荒之功，最爲詳盡，其言云：「吾曾謂馬來諸邦之維持，專賴錫鑛之稅入……惟開始開採錫鑛者，首推華僑。彼等繼續努力之結果，使世界中錫之半額，皆由半島供給。賴彼等之才能與勞力，今日之馬來半島始得造成。馬來政府及其人民，對於此勤苦耐勞守法之華僑，非言語所可表達其謝意。當歐人未至半島時，華僑已在該地開鑛捕魚，經營各業。英人初治半島，着手經營道路及其他公共工程，皆成於華僑之手。至於開鑛事業純由華僑導其先路，投身蠻荒，冒萬死，清森林，闢道路，每有犧牲其生命者。此外爲煤工，伐木工，木匠，泥水匠者尙多。英政府之修鐵道，築橋樑，皆由華工自辦。當時歐人不敢冒險投資，華僑則冒險爲之，又復經營商業，開半島之航路，招致華工，啓半島之富源。英政府收入十分之九，皆出自華僑之手。凡一事既成，宜知其成功之所在。讀此文應知華僑有造於馬來各國爲何如也。」

瑞天咸爵士之言論，猶不過表示殖民地政府意見之一斑，其他各國之達官聞人，對於馬來亞吾僑讚美之辭，固指不勝計，若抉擇其較有意義者，略爲徵引，則有檳榔嶼開闢偉人賴德上校（Captain Light）之言曰。「華僑爲居民中之最珍貴者」；新加坡駐劄官克洛福氏（Crawfurd）之言曰：「華僑不特人數最多，且爲亞洲民族中最勤苦耐勞而有作爲者；」大著作家紐波爾氏（Newbold）之言曰：「華僑爲海峽殖民地最有用之階級，不僅在商業與農作方面爲然，卽手工藝亦無一不精；」而歷史地理一書之著作者查利魯加斯爵士（Sir Gharles Lucas）則曰：「海峽殖民地之能發展，華僑功績之大，不可輕視」云云。

夫吾僑與其他種族，同爲人類，何以馬來亞得享今日之繁榮，吾獨有贊揚之價值，其間不無理由，非僅因吾僑繁殖力強而經濟力大之故也。蓋歐人移殖來此，爲數究屬不多，其職業除爲政府官吏，商船職員，與夫種植經商及少數自由職業者外，其他工作實非彼等所能勝任。換言之，發展殖民地之領導工作，固彼等所樂爲，但俗諺有云：「牡丹雖好，宜有綠葉襯托。」無歐人爲有若何縝密之計劃，如無實施之人，亦屬徒勞無益。然而環顧半島居民，孰爲實施其發展計劃之人歟？當地巫人，樂天無爭，不耐辛勞，除耕稼捕魚而外，幾無他業可圖，印度僑民，雖不能謂無埋頭苦幹之精神，顧以知識較爲薄弱，其從業範圍亦僅限於役於人之工作。其能負荷重任，爲殖民地謀福利者，歐人以外，實捨華僑莫屬矣。堅毅耐勞，不辭艱險，乃爲吾僑之特性，歐人所不敢冒險經營者，吾僑則敢經營之，土人所不能辛苦經營者，吾僑則能經營之。其結果，馬來半島事無巨細，俱由華僑承當，據華濃氏(Vaughan)之分析，吾僑職業，上至顯宦巨賈，下至肩販車夫，不下百有餘種，誠所謂三百六十行，無行無華僑，而馬來亞今日繁榮之世界，實爲彼等辛苦締造而成者也。

際此時危世艱，吾輩居於斯土，得安其業，寧非先賢所賜，緬懷前塵，益增後慮，若欲廣蒐數百年來吾輩祖先可歌可泣之事蹟而表揚之，實有筆不勝書之感。本文所輯，不過提其綱領，開其端緒，甚望拋磚石以引珠玉，俾僑賢興共鳴之趣，從而有馬來亞華僑志之纂輯，總匯先賢豐功偉業之史實，藉以誌創業之不易，而爲後世之楷模，則區區私願得以償矣。

第一節 中馬古代交通述概

中馬交通之發軔，爲時應甚古。據星加坡萊佛士博物院（Raffles Museum）考古主任哥齡氏（Collins）語人，晚近考古家等在馬來半島柔佛境內之哥打丁宜（Kota Tinggi）附近發掘之結果，獲得甚多古物，尤以中國陶器之碎片爲甚，度其年代，上溯周秦，由是推斷，則二千餘年前，似已有中國船舶經此，由河道越過半島矣。吾友韓槐準君對於中國陶瓷器研究精湛，據其考證之結果，斷定馬來亞發現之中國古陶器斷片，以秦漢以前爲最，瓷器則以唐宋以後爲多，是則與吾國史籍所載中馬交通始於秦漢而盛於唐宋之說適相脗合矣。韓君研究陶瓷釉彩，頗多心得，擬筆成關於馬來亞中國古陶瓷研究之專書行世，吾人且引頸以待，茲姑就吾國載籍所誌，鈎稽中馬古代交通之史實於后。

按西洋學者之考證，認爲泰西人士之通航東洋，可遠溯至一世紀時，其時適當吾國之漢代，則中國與南海之交通早已開始有年，而且見之於史書矣。漢書地理志粵地條後云：「自日南障塞徐聞合浦，船行可五月，有都元國……平帝元始（一至五年）中，王莽輔政，欲燿威德，厚遺黃支王，令遣使獻生犀牛。自黃支船行可八月，到皮宗，船行可二月，到日南象林界云。黃支之南有已程不國，漢之譯使，自此還矣。」據日本學者藤田豐八之考證，都元國應即爲通典卷一八八之都昆或都軍國，而位於馬來半島（一說位於蘇門答臘北岸）。皮宗應即爲大牟珍附近之香焦島（Pulau Pisang）。信使往還，既載史籍，然則吾國人於紀元以前早已遠航至馬來半島或其附近，當無疑義，第當時國人航海術幼稚，除執政者欲耀威德而市珍寶外，一般商賈猶均視入海爲畏途也。

三國時，吳主孫權遣宣化從事朱應，中郎康泰通使南海諸國，所經有百數十國，梁書諸夷傳卽誌此也。日本學者駒井義明曾在其所謂孫權之南方遣使一文中考訂其中十二國之方位，而以耽蘭洲爲馬來半島北部之Taatalam，蒲羅中國爲柔佛地，薄歎洲爲新加坡附近之民丹島（Bintang），烏文國亦在馬來半島。雖其說未能爲學者所採納，但朱應康泰等之曾來半島，當甚顯明，特其使命，亦不過如漢使等之欲揚聖威於異域，於殖民一層猶未逮也。

迨乎隋唐，佛教傳遍全國，上至王侯，下至庶民，莫不虔敬稽首，皈依佛法，於是高僧輩出，其間志行卓越之士，於靜修東來教義之餘，尚欲窮其深蘊，乃有西行取經，瞻仰佛跡，探討秘奧之舉。其動機較諸回教徒之頂禮麥加聖地以爲畢生榮幸者，蓋又有不同之點。此等高僧，據載籍所誌，其由海道而至印度者，爲數不下數十，至其取道西域而往者，猶未計焉。諸僧中著述最豐者，當推晉之法顯，與唐之義淨。法顯平陽武陽人，以晉隆安三年（三九九年）偕伴發自長安，歷外十五年，於義熙十年（四一四年）由印度附海舶至獅子國（今錫蘭島），留二年，復乘船返廣州，途遇風浪，飄泊至耶婆提（今爪哇島），停五月，始易舟歸，凡八十餘日，到山東之牢山灣登岸。所撰行傳有歷遊天竺記傳佛國記法顯傳等，中有已散闕者。義淨范陽八，俗姓張，字文明，於咸亨二年（六七一年）啓行。遍歷諸聖迹，所經三十餘國，凡二十五年，於天后證聖元年（六九五年）始歸國。淨除譯雜經論十卷外，並撰南海寄歸內法傳四卷，大唐西域求法高僧傳二卷，均皆流世，頗足供鑽研中南古代關係者之參攷。總之，僧侶往還，已使中國與南海間之海上交通，繁於往昔，然此猶未能謂爲海外殖民之大觀，且諸僧道經馬來半島者亦屬尠見，縱有之，亦不過在半島之北部，如狼牙修（一作郎迦戍），羯荼，咀咀洲諸國而已。蓋當時僧侶之目標大都集中於室利佛逝（在蘇門答臘島），偶或飄泊至半島南部，非出本意，故鄙意僧侶對於中馬關係未能有偉大貢獻焉。

雖然，有唐一代，海上交通已臻繁盛，華商慕外洋多奇，因聚衆遠航，冒波濤之險，謀貨殖之利者，爲數必多，故不僅以僧侶之赴佛國爲限也。特此等商人，囿於當時船舶構造之簡單，航海知識之缺乏，隨風信以行船，或數年一至，或一年數至，交易既畢，則又附舶以還，馬來半島沿岸諸埠，必爲彼輩常臨之處。如新唐書地理志後附錄之賈耽入四夷道路所誌：「又五日行至海硤，蕃人謂之質。』此海峽疑卽新加坡附近之海峽，蓋「質」爲馬來語 Selat 之對音，意卽海峽，而新加坡一稱石叻，亦 Selat 之對音也。原書又云：「南北百里，北岸則羅越國，」一者假定海峽爲新加坡，門羅越應在馬來半島之南端。由是可知千餘年前，半島已爲商舶航程所必經，顧商賈市易而返，定居炎荒者，必乏其人，故於殖民之意義，背離猶遠。迨唐代末葉，黃巢作亂，遍地萑苻，民不聊生，時海路已通，到洋船來華者爲數不少，國人避難西逝附舶以行者必多，於是開海外移殖之端倪。曾有亞剌伯人 Masudi 者於九四三年經航蘇門答臘，其遊記有云：「茲多華人耕植此島，而尤以室利佛逝（今Palembang）爲多，蓋避其國中黃巢之亂而至者」。由是可知九世紀至十世紀時，卽唐代末葉以迄五代，華僑流寓蘇島者已多，而蘇島與馬來半島之間僅隔一衣帶水，吾僑之散處半島各地者，爲數當亦不少矣。迄今吾僑仍有自稱爲「唐人」，稱祖國曰「唐山」者，口語遺傳，足爲唐代移殖事業作一佐證。又據顏斯綜南洋蠡測謂「新忌利坡（新加坡）有唐代墳墓，記梁朝年號，」益可證唐末與五代之初已有國人移來半島矣。

宋代中南交通稱便利，自閩粵海口，赴南海各地，若遇風便，月餘可達，以故番舶居綜，往還頻繁，而關於南海諸國之情形，除貢使往還具載史册外，且已有私人撰述，其述南海最詳者，爲永嘉周去非之嶺外代答與福建路市舶提舉趙汝适之諸蕃志，兩書所誌海外諸國之山川風物產交通等備極詳盡，足證當時商賈遠航者較前爲多 馬來半島爲中國至印度大食航程必經之地，則商人慕其富庶流寓不歸者，當亦不能必其無也。迨胡元入寇，宋祚衰亡，忠義之士，不願向顏臣服，而亡走海外，從事復國運動者，正復不少，徒以韃靼兇悍，海外諸國，不敢援宋以抗，於是遺民壯志不遂，以致流落蠻邦，其事散見於載籍者甚多，馬來半島地近當時大埠三佛齊（今巨港），遺民來寓者應亦不少，第未能有遺跡可資追尋，文獻可資鈎稽，是爲憾耳。據克洛福氏 Crawfurd 所著星洲遺跡一文，謂當英人佔領星洲時，曾在升旗山麓築砲壘，於泥土中掘得宋代古錢幣三枚，鑄有宋太祖英宗及神宗三朝年號，由此推測，北宋時代，恐已有人來此，但僅據地下埋藏之錢幣以測移殖之有無，似亦未能論斷也。

元世祖有蒙古族慓悍之風，既奠定中土，復欲擴展其勢力及於海外諸國，先遣使宣諭，若不朝貢，則發兵征討，時航海技術，較前已進步多多，故能遣兵數萬，發舟千艘，掃蕩南海，聲威所至，異族臣服，而一般商賈亦得挾上國之尊嚴，在南海諸國便宜行事，此情理之常，無待考據者也。至於元人南海行紀，流傳行世者僅有南昌汪大淵所著島夷志略一書，著錄島夷九十九條，其有關馬來半島之各國，較諸蕃代答尤爲明晰，如彭坑（Pahang），吉蘭丹（Kelantan）丁家盧（Trengganu）龍牙門（Lingga）等，與今譯名頗相類似，而新加坡之舊名單馬錫（Tumasik），亦首見於是書，具見元人來者必不少，而見聞益確鑿也。

元既開海外拓殖專業之端，及明代而益盛，目今南洋各地，發現明代之遺物極多，其尤熟道人口者，則爲鄭和之下西洋。據史書所載，鄭和前已有中官尹慶奉使馬來半島，宣諭滿剌加王拜里迷蘇剌。滿剌加卽今之馬六甲（Malacca），拜里迷蘇剌卽滿剌加王朝之第一世王 ParaMesvara。拜里迷蘇剌奉諭後，卽遣使入朝受成祖册封，其事實爲吾國與滿剌加王國發生關係之始，但以鄭和七次下西洋之豐功偉業印象過深，尹慶通好事易爲所掩也。

鄭和本姓馬氏，永樂時賜姓鄭，爲內官太監，成祖欲耀兵異域，示中國富強，命和及其儕王景弘等通使西洋，自永樂三年（一四〇五）至宣德七年（一四三二），和等七次奉使，歷南海及印度洋沿岸凡三十餘國，其在馬來半島者有滿剌加，彭亨，吉蘭丹等國。滿剌加爲當時大國之一，故和等齎勅往賜者，先後達五次，其王等亦遣使朝貢不絕。當時隨和等行之通譯馬歡、費信二人，曾著有瀛涯勝覽與星槎勝覽二書，誌所經各國之情形，極為詳盡，迄今猶為各國學者所徵引，星槎勝覽滿剌加國條云：「男女椎髻，身膚黑漆，間有白者，唐人種也。」足證國人繁衍半島，已歷年所矣。又查閩都記云：「明永樂時，福州商人赴麻喇國（即滿剌加之異譯），有姓阮者樓樊鄰等，往麻喇國多年，娶番婦生子……。」蓋足為吾人作一佐證。至於馬來紀年所誌明公主下嫁滿剌加王事，固荒誕不足信，但中國民女或僑生女子之與馬來王室通婚，事極可能焉。

明代關於南洋各國之載籍輩出，與前述瀛涯勝覽星槎勝覽同時纂修者，有鞏珍之西洋番國志，其後嘉靖年間，又有黃省曾之西洋朝貢典錄與黃衷之海語，皆曾誌滿剌加事。迨萬曆丁巳年（一六一七），張燮之東西洋考問世，乃又別開一新面目，其涉及馬來半島諸國者，計有麻六甲，彭亨，柔佛，丁機宜，吉蘭丹，大泥等條。時葡人已侵滿剌加，國人交易乃又以馬來半島北部諸國為重心，此則吾人於該書之字裏行間可以想見者也。

明亡清繼，國人之流亡南來者益衆，記述南海各地之册籍，亦如雨後春筍，顧其時之南洋，已為歐洲人角逐之場所，其著述亦較詳盡可靠，雖訛誤亦所不免，但較吾國書籍之魯魚亥豕，以及轉輾傳譯，似勝一籌，其記載馬來半島華僑之事跡，亦多參攷價值，僅立論偏頗之處，則吾人應予辯正耳。

第三節　歐人勢力時代之馬來亞華僑

歐洲人最初擴展其勢力及於馬來半島者，當推葡萄牙人。自其國人伽馬（Vasco da Gama）於十五世紀末啓歐亞航路後，泰西人士，多垂涎東方之寶藏，而當時馬來半島有「黃金半島」之稱，其蘊藏之富源爲歐人所與羨不已者。葡王閱其臣下之題本，亦不能無動於中，爰於一五〇八年遣海軍將領薛魁羅（Diogo Lopes de Sequeira）統率戰船五艘，攜公文禮物，東航印度蘇門答臘與馬來半島諸地，擬藉通好之名，以遂掠刼之願。時滿剌加蘇丹媽末（Sultan Mahmud）在位，其廷臣惑於游詞，擬一網打盡葡軍，勿使入境，終以戰機不密，僅擒獲其少數，餘者乘艦逃歸，乃啓葡人遠征之端。一五一一年，由葡將亞伯奎（Alfonso d' Albuquerque）統率大軍，來征滿剌加。是年七月攻陷其城而佔領之，其事亦見明史，惟其時宦官專政，綱紀不振，滿剌加名雖爲吾屬國，乃除一紙勅諭責斥葡人，並諭暹羅諸國王往援外，無從以實力保護，於是滿剌加亡矣。張燮東西洋考麻六甲條云：「後佛郎機（指葡萄牙）破滿剌加，入據其國，而故王之社遂墟，臣隸俛首，無從報仇，久乃漸奉爲眞主矣。」蓋誌實也。

據温士德著馬來亞史（Winstedt: History of Malaya）所載，滿剌加之華人，曾助葡軍城，其文曰：「葡軍焚沿岸房屋若干間，並下令盡捕港內之船隻，僅華船五隻得免，……華僑及其舟子均願予葡人助力。」由是可知華葡間感情，似亦未趨破裂，故於葡軍攻克滿剌加後，避難他處之華僑仍陸續遷回，葡國葡人伊蘭第亞（Manuel Godinho de Eredia）所繪葡人時代之馬六甲地圖，則顯然有中國村（Campon China），中國溪（Parit China 馬六甲河之支流），中國山（Bukit China 即三寶山），與漳州門（Porta dos Chincheos）等，具證當時華僑聚居於馬六甲者仍多，否則當不致以城門村落山嶺河道均以中國命名也。

雖然，在馬六甲本境以內，華葡感情雖尚融洽，但兩國政府間則已構釁，按明史佛郎機傳云：「正德十六年（一五二一），武宗崩，亞三下吏，自言本華人，爲番所使，乃伏法，絕其朝貢。」「其後葡人屢犯邊境，騷擾肆掠，邦交乃絕，吾國商舶之赴馬來半島者大抵趨其北部，至彭亨，丁加奴，吉蘭丹，北大年等國，貿易漸盛，而僑居其地者亦日衆。東西洋考麻六甲交易條云：「本夷市道稍平，既爲佛郎機所據，殘破之後，售貨漸少，而佛郎機與華人酬酢，屢肆辀張，故賈船稀往者，直詣蘇門答臘，必道經彼國，佛郎機見華人不肯駐，輒迎擊於海門，掠其貨以歸，數年以來，波路斷絕。」而彭亨交易條則云：「舟抵海岸，國有常獻，國王爲築鋪舍數間，商人隨意廣狹，輸其稅而託宿焉，即就鋪中以與國人爲市，鋪去舟亦不甚遠，舶上夜司更，在鋪中臥者，番緣輒相鬧。」又大泥（北大年）交易條云：「華人流寓甚多，趾相踵也。舶至，獻果幣如他國，初亦設食待我，後來此禮漸廢矣。貨賣，彼國不敢徵稅，惟與紅毛售貨，則湖絲百斤，稅紅毛五斤，華人銀錢三枚，他稅稱是。若華人買彼國貨下船，則稅如故。」閱此數節，可知當時華僑已視馬六甲海峽爲畏途，而寧交易於北馬南暹一帶矣。

一六〇〇年，英國東印度公司成立，一六〇二年，荷蘭東印度聯合公司亦成立。前者專注意於印度大陸，而後者則傾全力於東印度方面。自十六世紀中葉以來爲東印度盟主之葡人至是乃遇勁敵。荷人羨慕馬六甲之財富，必欲得之而甘心，因於一六〇三年起，即與葡人鬥爭，亘時三十餘年，卒於一六四一年一月十九日攻陷馬六甲之葡堡而佔領之。荷軍圍城之際，居民離散，及城陷，荷司令乃安撫之，使各歸其所。査荷蘭與葡萄牙之拓殖目的，雖均爲霸佔香料市場，但葡人尙欲挾其威勢以迫居民改教，而荷人則專注意於壟斷市場，是爲其拓殖方法不同之點。當荷人佔領馬六甲之時，旅居其地之華僑，據旭登（Schouten）之報告，共有三至四百人，其職業爲店主，工匠及農夫等，後仍由荷政府准予居留原地，以負墾植之責，此僅就城內而言，若兼以城外散處各鄉村間之人數，則一六四一年時，吾僑在馬六甲境內者至少當在千名以上。

夫一國之殖民他國，其僑民所受之待遇，胥視兩國間之邦交以爲轉移，葡人之奪馬六甲，固得助於華人者，乃終以中國朝廷絕其通商，以致波路斷絕。荷人佔領馬六甲後，亦嘗謂華僑乃最有用之民族，賦予田地，使墾植經營。奈其時吾國流寇猖獗，明室衰亡，滿淸定鼎中原，明遺臣不甘亡國之恥，率衆涉海而逝，徐圖光復，其後復國不成，乃又轉其雄圖於拓殖事業，鄭成功逐台灣之荷人而自立爲王。邦交既惡，流寓馬六甲之華僑，自不能得渥遇，於是亡走半島內地者有之，乘桴浮海者有之，據荷蘭駐馬六甲太守蒲德氏（Bort）於一六七八年之報告，謂旅甲華僑共計七百十六人，較荷人初佔是地時大見減少，且其中有奴隸二百九十名，蓋非無因也。

吾人於述及馬六甲華僑時，宜附帶一述者，為其地之甲必丹。按葡人自佔領馬六甲後，即許甲必丹以為各族之領袖，荷人得勢後，仍襲用其制，迄今荷屬東印度各地仍沿用未廢。馬六甲華僑甲必丹之可考者，以鄭芳揚為首，今馬來亞最古之寺廟青雲亭即所手創，鄭氏生於明隆慶六年（一五七二），歿於萬曆四十五年（一六一七）。繼任甲必丹者有李君常，曾其祿，陳承陽，蔡士章，陳起厚，曾亞林（Chan Chim?）等，或墓或碑或遺物，尚可稽尋，然葡荷佔領馬六甲先後逾二百九十年，甲必丹之數，決不止此，特考證不易耳。

繼荷人而來半島者，為目下統治馬來亞之不列顛。初，英國東印度公司於其成立後之第十一年（一六一一），在半島北部之北大年設一土庫，經營十餘載，終以其勢力不及荷人而致閉歇，該公司乃專力經營印度方面之事業，對於東印度殆無所聞。迨十八世紀初葉，公司意欲發展東方商務，並為海軍覓一良好港口，乃又轉眼注意於孟加拉灣以東之各地，一七八六年檳榔嶼之開闢即發端於此，關於檳榔嶼之開闢，不涉本文範圍，故不贅述，吾人僅須提及者，則為檳榔嶼原為吉打國之屬地，經英人賴德上校（Captain Light）與吉打蘇丹訂約割讓而於一七八六年八月十一日正式佔領者。其時馬六甲猶在荷人掌握中，自英人在檳榔嶼闢埠後，各色居民即蜂擁沓來，而以華僑為最甚。查檳榔嶼於未開闢前，其地滿目荒涼，但已有少數華僑，特捕魚耕植爲生，迨開埠後三載，全島居民總數已逾千人以上，至一八〇四年，其數已達一萬二千，華僑人數究有若干，當時尚乏統計，但據海峽殖民地政府檔案所誌，一七八八年時，華僑已佔總人口五分之二以上矣。至於華僑對於檳榔嶼之貢獻如何，則可以密爾斯（L. A. Mills）之語爲證，其言云：「華僑爲數雖不能稱爲最多，但爲亞洲各民族中之最珍貴者，彼等　檳榔嶼開埠之初所致力者，蓋即爲以後開發馬來亞之先聲也。」

距檳榔嶼之開闢凡三十三年，史丹福萊佛士爵士又在半島南端開闢今日南洋唯一重鎮新加坡。新加坡之地位，遠勝於檳榔嶼，萊佛士於開埠之後，並宣佈其地爲一自由口岸，於是商務日臻發達，華僑之來，乃亦如水之就穴，洋洋大觀矣。一八二四年，英荷條約訂立，馬六甲轉歸英人治理後，叻嶼甲三州合稱海峽殖民地，時華僑人數已在一萬以上，其移殖內地者猶未計焉。

據外人之意見，在一八七四年以前，華僑均會聚於三州，其往內地開發者爲數極少，此點殊有可疑，顧吾人不得不承認者，則爲英人之拓殖政策，與葡荷又有不同之處，其政治之公正安全，常能予華僑以莫大之吸引力，而華僑之所以爲報者，則爲辛苦締造而成今日馬來亞之繁榮世界，賓主友好，百餘年來，從未有糾紛發生，是爲他國屬地所望塵莫及者也。

第四節　會黨與猪仔

在研究馬來亞華僑發展之過程中，吾人所不宜遺忘者，爲祕密會黨結社之經過情形與豬仔販賣之慘酷事業。蓋華僑社會極爲複雜，而佔據極大數目者則爲華工，舉凡鑛場膠園，無處無華工之足跡，此等華工昔時大部份與會黨及豬仔兩問題有關，會黨勢力之大，鬥爭之烈，雖殖民地政府亦感束手而莫如之何，豬仔所受之慘酷待遇，令人傷心慘目，但就另一方面觀，彼等對於殖民地之繁榮，固有無上貢獻者也。

吾國祕密會黨之產生，可以上溯至漢代。漢末黃巾作亂，劉關張三雄桃園結義戮力平寇之佳話，迄今仍流傳民間，是爲後世祕密結社之模式。元末白蓮會興，明亡，天地會起，前者呈道教之色彩，後者以佛道爲祖先，各擁有極多之教徒，有清一代，騷擾各地，從未間斷，然白蓮會活動範圍常在川鄂豫陝等省，其在華南沿海諸省活動而擴展其勢力及於南洋各地者，則均爲天地會之分子也。

天地會組織之起源，據該黨人傳說，類乎神話。大意謂康王（康熙？）時西魯入冠，屢戰失利，少林寺僧，挺身救國，戰勝西魯，不受爵賞，復歸少林，時有奸臣，進讒康王，謂西魯入寇，舉國不敵，而少林僧能却之，是其力可覆國，康王乃賜毒酒與少林寺僧，並圍少林而焚之，衆僧慘遭焚死，其能免於難者僅五人，即所謂五祖是也。乃遍訪英雄復仇，曾與清兵交戰一次失敗，知胡運未窮，於是四散向各處運動，以待時機，其第一次之拜會結盟，爲康熙甲寅年，其口號標語爲「反清復明」。傳說若是，其事非實，不言可喻。吾人可得而信者，則爲緣會組織之起因，在於反清復明，當無疑義。由是更可知該會組織之初，確懷有雄圖大志者，惟以知識欠缺，組織不健全，故僅能逞一時之風威，未能創驚人之偉業，且復黨徒四散，紀律不整，常致尋釁格鬥，爲非作惡，乃一變其昔時之初衷，而被目爲社會之蟊賊矣。

天地會除本名之外，尚有三合會，三點會，三星會（Triad Society）等名稱，蓋以該會對內自稱洪門，取洪字水旁三點而以爲名，三合則取天、人三位一體之意。他如大刀，小刀，童子等則均從其首領之別號命名。其在南洋一帶者，更有公司之稱，如義興公司海山公司等均是。度其命之由來，或以自十七世紀以還，南洋英荷屬之操政治權者，爲兩國之東印度公司，天地會中人，原亦有有政治企圖，故亦自擬於公司也。

天地會，何時傳入南洋，難以稽考，但一般學者均信其黨徒於明亡後集中台灣，迨台灣亡，乃又移殖南洋，就地理情勢論，此說無可非議。馬來亞之發現天地會，早在一七九九年，時距檳榔嶼開埠不久，而其地已有天地會之支會產生，當地政府引以爲患，奈其組織祕密，黨徒援助，亦無如之何。其後該會聲勢漸大，黨徒遍佈各處，犯案纍纍，其尤甚者爲砂勝越，新加坡，與霹靂三地之暴動，砂勝越之暴動流血最多，爲禍最烈，華僑死難者數千人，因在本書範圍以外，容當另述，以下所誌，乃新加坡與霹靂暴動之梗概。

新加坡於開埠後一年間，華僑由三十人增至三千人，天地會中人已祕密樹植其勢力於島上，迨一八二四年，黨徒間即發生一次械鬥，死傷數人，是爲祕密會黨主動械鬥之第一次。其自一八三一年起至一八七六年，械鬬之事時有發生，而爲禍最甚者當推一八五一年與一八五四年之兩次大暴動。一八五一年之暴動，起因在於會黨與天主教徒間之齟齬，決裂之後，鬬殺達一星期之久，死者達五百人以上，政府派印警彈壓無效，後調軍隊始平。一八五四年之暴動，則起因於幫派之糾紛，時天地會之支會小刀會在廈門失敗，黨徒逃至星洲，粵幫捐款助之，閩幫不欲，乃起衝突，警察無力彈壓，太守白德華斯（Butterworth）乘車視察，至大街（High Street）時，其帽且爲暴徒擲磚擊落，亂事亘十日，全島風聲鶴唳，政府調動海陸軍，並召集各黨首領曉諭彈壓，亂始戡平。是役死者六百人，傷者無數，房屋被毀者三百餘所，亦云慘矣。

霹靂之暴動亦稱拿律（Larut）事件。拿律爲霹靂之一區，夙以產錫名。其地有錫鑛區名吉利包（Kelian Pauh）者，初歸海山黨人開採，其首領爲鄭景貴。另有太平（Taiping）以北數哩之鑛區名新吉利（Kelian Bahru）者則歸義興黨人所發掘，其首領爲蘇亞昌。兩黨以幫派不同，義興屬粵之四邑，而海山屬閩南五縣，雙方意見甚深，一八六二年春初竟以細故而致鬬殺。於是互報讎仇，不可收拾，兼以巫酋判斷不公，思從中取利，結果黨人之祕密械鬬，遂成公開之戰爭，亂事亘十一年之久，新加坡方面兩黨會員亦受其影響而致械鬬時作。至一八七三年時，霹靂全境紊亂如麻，局勢嚴重，乃啓英政府干涉巫邦內政之端，亂事賴以平定，馬來聯邦之產生，蓋即發軔於此者也。

綜觀會黨之歷次械鬬事件，均出於無意識之起因，不因幫派積見不相容，即緣宗教主義不相同，以其黨人原均為耐勞耐苦之良好僑民，迨乎亂機一啓，盡變為令人髮指之鬼魔。殖民地政府對於天地會本身之組織雖未有誹言，然以其黨人之擾亂治安，實覺痛心疾首，奈以各黨組織甚為祕密，且言語隔閡，莫可究詰，故在其活動之初，隱忍不發，迨其內容祕密逐漸洩漏之後，乃作有系統之取締步驟。其第一步為一八六九年頒佈會黨註冊條例，使各祕密會黨均至官署登記，未註册者均予取締並放逐其黨徒。第二步為一八七七年設立華民政務司署，以畢麒麟（W. A. Pickering）為首任政務司，專理華僑間之糾紛，並探討華僑社會之風俗習慣。第三步則為一八九〇年正式宣佈解散已註册之祕密會黨。自此以往，凡遇任何祕密會黨之黨徒，政府如有充分證據，即得驅之出境。然而所謂祕密會黨者，果被取締淨盡乎，則吾人未敢言必也，降至今日，所謂三點三星之流亞，或仍存在於華僑下層階級間，第其組織已趨散漫，且不敢作公開之活動矣。

嘗閱洪門之約法規章，雖覺粗獷而不雅馴，但其親愛互助精神，頗足矜式，即外人之意見亦莫不若是。服務海峽殖民地政界多年之華漢氏（Vaughan），曾於所著海峽殖民地華人之性情與習慣（The Manners and Customs of tha Chinese of the Straits Settlements）一書中稱：「著者固曾主張撲滅祕密會黨者，然經若干時期之經驗，覺吾之理想，應當變遷，其擾亂不良之份子，固當驅除，至關於其團體全部，則應予以存在，蓋其善處，能排難解紛，賑卹貧弱，贍撫孤寡而互助其黨徒之無告者。」又在爪哇政府任通譯之施列格氏（Schlegel）在其所著天地會研究（Tian Ti Hwui The Hung League, or Heaven-Earth League）一書中謂：「天地會之存在，於殖民地之安寧有無妨礙，應俟擁有實權者自行判斷，蓋任何祕密組織，常爲政府所不能容許。昔時共濟會（發源於歐洲）被認爲最危險之組織，但其內容一經洩露，吾人不特不認其爲危險，抑且認爲有益人羣者，現在吾人已洞悉天地會之內容，則對於此共濟會姊妹會之組織，亦應容許其存在，想不致有危險發生也。」於此，可見外人對於天地會評判之一斑，特其黨徒之鬬殺成性，累及無辜，於華僑史中，終未免留一汚點耳。

豬仔之販賣與祕密會黨極有關係，蓋從事販運者，大抵爲其黨徒。査吾國所謂「販豬仔」，實與外人所稱「苦力貿易」（Coolie trade），如出一轍，其起源在於新殖民地開闢之初，百廢待舉，資本家有感於勞工之缺乏，乃利用惡棍，誘騙一般無知勞工，遠涉重洋，以爲資本家開發寶藏之工具。如西班牙與葡萄牙之殖民於新大陸，自非洲掠取黑奴，運至美洲，即已開奴隸販賣之先例矣。迨十九世紀初葉，黑奴廢止，而開闢各殖民地之農場鑛區，仍需求工資低廉之勞工甚殷，時吾國政府猶禁人民出洋，工人未得保護，其出國也，實含有奴隸販賣之性質，此即所謂販賣豬仔也。

南洋自西班牙與葡萄牙之海上霸權崩潰以後，大部份土地落入英荷法三國之手。英國東印度公司於十九世紀初葉控制馬六甲海峽之兩端，並自荷公司獲得歐人在馬來半島最古之殖民地馬六甲後，事實上已掌握半島全部之開發權。勞工需求之迫切，自不待言。於是販賣猪仔之慘劇，即應運而起。其販運大抵由地主委託一總招工辦理之，即所謂「猪仔頭」是也。猪仔頭與地主訂約後，即派「小招工」分赴內地，進行招募，而予以介紹佣金。此等小招工爲金錢所惑，信口雌黃，描述海外各國爲黃金之地，用誘騙之手段，以遂其斂錢之目的，迨受騙者登舟離境，彼等即逍遙法外，猪仔之痛苦固非所與也。

當時猪仔之販運，以澳門爲總根據地，葡政府爲振興其地面計，不惟不加抑制，甚且從而鼓勵之，即時至今日，該地仍爲聚賭納娼之淵藪，有東方蒙特卡羅（Oriental Monte Carlo）之惡名。中國政府鞭長莫及，於是若輩惡徒，得以公開活動．而馬來半島猪仔販運之慘劇，亦層出不窮矣。

猪仔之慘苦生活，非筆墨所能形容，彼等登舟遠航之後，其命運完全操於招工者之手，毒打幽禁，乃待遇之常，甚或轉輾鬻售，視人類爲畜生，故有猪仔之名，至飢饉疾病，客死他鄉，猶其餘事。英政府對於此種慘情，固非絕無聞見者，第初以炎荒待墾，招募工人爲當日之急務，是以故作痴聾。其後販猪仔之風日益熾甚，吾國輿論譁然，乃亦有長此以往終非上策之感，爰於同治五年聯合法國，與北京總理衙門，商訂改善辦法。（參閱海國公餘輯錄名臣籌海文鈔招工照會議）其第一步取締猪仔販賣之步驟，爲華工出口時由當地地方官與各該國領事嚴詢本人是否願意及明白契約內容。達到目的地後，亦應由該地官長作相同之詢問，藉杜招工者藉詞誆騙。此法施行後，販賣之風仍未稍戢，甚且波及於海外各地，如星州方面即有良民被誘爲猪仔之例，招工者且施用種種酷烈之手段，勒迫勞工在官署自認願意，其手段機變，層出不窮，且有祕密會黨爲後盾。以故政府雖嚴密取締，而效果仍等於零也。

迨一八七七年，海峽殖民地政府鑒於連年猪仔販賣之披猖，終非本境之福，乃設華民政務司署，以處理之。歷年以來，檢査勞工之待遇，鑒定勞工之合同，並用種種方法，與警方合作，取締猪仔之販賣。其後祕密會黨被解散，猪仔販賣之經紀人亦逐漸絕跡，華司署中近且有勞工司之設置，調解雇主與工人間之各種糾紛。以故馬來亞工潮雖時有所聞，但終得勞工司之調解而獲圓滿結果。

自一九四〇年職工會法令（Trade Unionism Ordinance）於海峽殖民地及馬來聯邦立法會議通過後，一九四一年七月七日即付諸實施，並以華民政務司兼任註册官，嗣後馬來亞各地各工業之職工會，均可在該會法令下註册。按政府實施該法令之目的有三：一爲調整工人與工人間，工人與僱主間，或僱主與雇主間之關係；二爲對於某行業或商業施以限制條件；三爲工人與僱主間如發生糾紛時，可促進，組織或資助某行業或工業之停業與罷工，而使工人獲得援助。於是馬來亞之勞工，更得進步一之保障，此則吾人應[illegible]頌當地政府措置有方者也。

第五節　領館僑團學校報館之創設

吾人於前節述及猪仔販運之慘酷經過時，輒有一種感覺，即此事之直接起因固在於各殖民地之亟需勞工開發，而其間接原因則在於出洋華工未得祖國政府之保護也。當時海禁未開，人民出海，政府即以亂民目之，此種國策之錯誤，乃造成華僑在外遭受岐視之莫大原因。查鴉片戰爭以前，各國在華設立領館，乃朝廷所不許，迨道光二十二年（一八四二）英軍陷乍浦吳淞，乃有金陵訂約之舉。各國領館之得正式承認，以此約爲嚆矢。至於中國設立駐外領館之條約根據，則始於一八六〇年之中俄北京條約，然該約訂立後，政府並未卽行派領。其後各國相繼與我訂約，均有互派領事之規定。清廷始於光緒三年（一八七七年）首設領事館於新加坡，是爲中國駐外領事館之鼻祖。

我國駐新加坡領事，初爲名譽職，首任領事爲胡亞基，字璇澤，號瓊軒，廣東番禺人，任職至光緒六年三月（一八八〇）以病卒止，氏並兼日俄名譽領事，爲星洲閩僑之一。據曾文正之哲嗣曾紀澤所著出使英法日紀所載，璇澤在任時，領館經費，須籌自商民，祖國政府不予津貼，足見當時領館組織之簡陋，清廷辦事之腐敗矣。迨光緒八年（一八八二）正式領事館始創設，首任領事爲左秉隆，繼之者黃遵憲升總領事，其後有：張振勳，劉鍼霖，孫士鼎，蘇銳釗，廖恩燾等，左氏並於光緒二十三年（一八九七）重任總領事一次。民元肇始後，來長僑務者有胡維賢，伍璜，羅昌，賈文燕，李駿等。國民政府成立後，簡唐榴爲駐星總領事，繼之者有陳長樂，刁作謙等，刁氏在職時，加公使待遇，監督指揮駐英屬馬來亞各領事館事務，於是駐星總領事職權無形提高，而馬來亞僑務亦得統一管理，意至善也。現任總領事爲高凌百，領館職員除總領事外尚有領事副領事隨習領事主事等高級職員多人，在組織方面，允稱完善，吾人所希望者，則爲領館除辦理例行公務外，應更注意及於僑民之福利，對於當地華僑之經濟文化諸大端，亦宜有專員負責詳查，俾資借鑑，而謀改進之道也。

駐檳榔嶼中國領事館創設於前清光緒十六年（一八九〇），首任領事爲張振勳，繼之者有張煜南、謝春生、梁璧如、戴春榮、戴芷元等。國府定都南京後，於民國十九年派楊念祖爲領事，任滿後由謝湘、呂子勤、黃延凱等繼之，現任領事爲葉德明。該館管轄區域除檳榔嶼外，前尚有霹靂，吉打、玻璃市等（此外馬來亞各地均歸駐星總領事館管轄）。自民國二十二年九月，吉隆坡領事館成立後，霹靂與雪蘭莪二州僑務，遂劃歸該館管理，前由駐星領館管轄之馬來聯邦區域，亦同時劃併。該館創設以來，已三易領事，首任爲呂子勤，繼之者爲施紹曾，現任領事爲薛壽衡。此馬來亞吾國僑務行政機關沿革之概略也。

我國僑團。吾僑正式團體，在當地政府註册條例未頒佈前，其名稱與性質，未能正確劃分。據余私見，寺廟宗祠，爲一般公會與會館之前身。如馬六甲於三百年前，其地猶歸葡人統治，吾僑旅居其地者爲數尚不多，當時所謂團體之組織，而甲必丹鄭芳揚等倡建之青雲亭者類之，則至今猶存在鬧市熱鬧區域，[illegible]數十[illegible]尚未拆毀，臆度此處定爲當時僑衆集議之所，所謂有事則聚，無事則散，即不必有團體之名義，固不必拘泥於確定名稱也。又如新加坡之福建會館，究竟成立於何時，詢之該館負責人，謂無紀錄可稽，吾人所能確知者，僅爲[illegible]

天福宮，興建於前清道光二十年（一八四〇），福建會館即附設其中。迨一八六〇年前後，則有閩僑閩人陳金鐘者為該館之主席，其名始彰。再舉一例，則檳城本頭公巷（Armenian Street）之龍山堂，建於五十年前，為丘姓之宗祠，現亦稱為丘公司，蓋僑檳丘姓子弟極多，於是昔日之宗祠，即嬗變而成為一種公會之組織矣。

綜觀上述數例，可知華僑團體之組織，實因適應環境而有變遷，晚近馬來亞各地僑民日益增多，各種社團之需要亦較前迫切，於是在商會公會之外，尚有以籍貫為區別之省會館邑會館同鄉會等，以姓氏為區別之家族公會，以職業為區別之商業公會工會等，以娛樂互助為宗旨之俱樂部等等，名目既多，組織亦極複雜，僅星洲一地，所有豁免註冊及正式註冊之僑團，已多至數百單位，餘者可想概見。若欲分敘其沿革，勢不可能，下節所誌，僅為星檳二地中華總商會創立之經過，餘概從略。

吾國人民移殖馬來亞，雖已有悠久之歷史，除務農勞力者外，經商者實亦不鮮，然而商會之組織於四十年前竟無所聞，是蓋由於當地僑商缺乏團結精神，而領館亦以開設未久，因循從事，不予鼓勵之故也。迨張振勳於光緒十六年就任駐檳榔嶼第一任領事，後又調升駐新加坡總領事，任職期間，對於僑民商務機關之設立，認為必要，鼓吹頗力，民國後仍積極倡導。一九〇三年檳榔嶼中華總商會之成立，蓋即振勳與該地僑領戴欣然等提倡之成果也。越二年，振勳復借農商部部員時□卿南來，考察商務，乃再於星洲邀集閩粵人士，議立商會，並首捐三千元以資之轄，華情忻感，而新加坡商務總會卒於一九〇六年三月十五日告成，首屆閩粵正副總理爲吳壽珍張雲秋，自星檳兩地之商會成立之後，馬六甲及聯邦屬邦各地商會亦次第組成，對於吾僑商業頗多貢獻，探厥原由，張公之功不宜湮沒也。

除商會工會等外，馬來亞各地尚有一種不甚顯著，值得一述之僑團，卽書報社是。蓋此項組織，特爲啓發民智之機關，亦且爲鼓吹革命之樞紐。溯書報社之成立，始於民元前[illegible]年。當時專制囂張，國父奔走海內外，積極進行革命工作，於民元前四年，偕胡漢民先生等抵檳榔嶼，藉資宣導，是年十一月十三日由該地同志吳世榮，黃金慶，陳新政，丘明昶等聯合發起，籌設檳城閱書報社，經僑民大力資助，該社卽於翌年一月十日宣告成立。社務得同僑之贊助，蒸蒸日上，繼以鼓吹革命，光華日報亦於次年發刊。厥後各地書報社乃如雨後春筍，相繼而立，新加坡同德書報社亦於民元前一年成立。三十年來，對於宣揚三民主義，興辦學校，提倡[illegible]詩，改良婚喪禮節等，頗多促進之功焉。

僑團組織，既撮要敍述如上，茲再簡述吾僑文化發展之梗概。按明清之季，海禁未開，國人南來，非因畏罪潛逃，或避難流亡，卽係自願經商，或爲人役使，國內較有身份，能安居樂業者，決不致跋涉重洋，寄居南荒，故華僑文化水準之低，自昔已然。就學校而言，則三四十年前，馬來亞各地尚在私塾時代，課堂簡陋，大抵附設於祠廟寺院之中，或集三數學生而教之，所用課本大部爲四書五經之類，其規模稍大者實不多覯。咸豐四年（一八五四）皇家僑商陳金聲等捐建萃英書院於廈門街，廣教閩籍子弟，是為馬來亞有華僑學府之始。光緒元年（一八七五），星洲閩僑章芳林，獨資於吉寧街章苑生坊二號倡辦苑生學校一所，教授英文，凡華僑貧苦子弟，不論年齡，均得入學，完全免費，是殆開吾僑設立義校之風。光緒二十八年（一九〇二），檳城孔聖廟中華學校開辦。光緒三十二年（一九〇六），客屬嘉應籍星僑胞有感於張振勳劉士驥等南來鼓吹興學之誠，又創設新加坡應新學校於直落亞逸，是為馬來亞有新式華校之嚆矢。稍後新加坡之養正啓發道南崇正端蒙育英等校，檳榔嶼之時中學校，吉隆坡之尊孔坤成等校，怡保之育才學校等，相繼成立。迨民國肇始，百事維新，華僑教育，乃亦漸趨正規，各地新制學校，蓬勃產生，至民國八年，新加坡與檳榔嶼兩地之華僑中學，亦經社會熱心人士倡議組織。民國二十年時，馬來亞各地華校總數竟達二百所之多，可稱盛極一時，惜其時海峽殖民地政府頒行學校註冊條例，規定學生滿十八以上之學校，均須按照該條例註冊，華僑學校之創設，乃稍受挫折，但不數年後，仍復爲觀矣。據一九三八年政府之報告，海峽殖民地共有華校五一八所，學生數爲一，九六一八，馬來聯邦四九七所，學生數爲四四，三六七八，柔佛二二四所，學生數爲二二，八五七八，吉蘭丹十二所，學生數爲八二一八，丁加奴八所，學生數爲五九〇八，玻璃市三所，學生數爲二六〇八。準是以觀，華僑學校教育，雖不能與國內都市相媲美，然其進步之速，亦足令人欽佩矣。

新聞事業與文化有休戚之關係，故吾人宜略述其概。按馬華新聞事業之創始，一般人均以

叻報爲鼻祖，其當前清嘉慶年間，天主教神父馬里遜（Morrison）所辦之察世俗每月統紀傳（Ch-
inesee Monthly Magazine）已在馬六甲發刊，內容包括時事紀述及有關於宗教民俗史地等之著
作，均用華文撰寫。查該報初辦於廣州，其編輯人員中有華人名梁亞發者，實爲主幹，後爲清
廷禁止發行，乃移來馬六甲經[illegible]，馬六甲新聞事業蓋已肇端於是。惟日報之發行，則當以叻報
爲最早，該報爲星洲僑生薛有禮所辦，創刊於一八八〇年，次爲檳城新報，創刊於一八九六年
，由維新派保皇會會員所辦，再次爲閩僑丘菽園出資創辦之天南新報，創刊於一八九八年，該
報鼓吹革命爲宗旨。一九〇四年革命黨同盟會會員張永福又辦圖南報於新加坡。翌年新加坡總
[illegible]隨即停刊。一九〇六年，圖南報停[illegible]，同盟會會員陳楚楠等又資倡辦中興日報，於一九〇七
年八月創刊。一九〇九年，星[illegible]晨報與吉隆坡日報相繼成立，均以鼓吹革命爲宗旨。一九一〇
年，星洲[illegible]黃[illegible]發創辦之南僑[illegible]，[illegible]檳城閩僑報社組織之光華日報先後出版，亦均爲華僑
喉舌。民元前星洲華僑報章[illegible]，惟各報均以入不敷出，未能久續，其能修長經營，維
持迄今者，新加坡之總匯[illegible]已有[illegible]史，辛亥祖國光復後，[illegible]報紛興，然興廢無常。其
繼續出版，[illegible]所宜注意者，[illegible]創設各報，如新加坡之南洋商報，係陳嘉庚氏所創辦，成立
於民國十二年。星洲日報係胡文虎氏所創辦，發刊於民國十八年；吉隆坡之[illegible]民日報，原名
國民日報，創刊於民國[illegible]年，民國八年改今名，於本年（一九四一）始繼續出版；檳城之現代
日報，創刊於民國二十五年，爲[illegible]日報，星檳日報則創刊於民國二十八年，亦胡文虎所辦

●各報歷史均未見悠長。吾人就馬來亞華僑人口與報紙銷數之比例而觀，馬華新聞事業，似較祖國爲發達，特各報內容尚較落後，宜有改進之必要也。

第六節　華僑經濟之發展

有清中葉以前，吾國海禁未開（註），國人南來，大抵赤手空拳，爲生存而奮鬥，初非挾鉅大之資金，來南洋開發者也。顧以運會所至，千百十萬之富豪相繼出現於南洋各屬社會間，其經濟力量不特爲祖國之中流砥柱，即就南洋整個社會言，亦足與歐美各國並駕齊驅焉。馬來亞華僑人數既多，其經濟力量，允推爲南洋各屬之冠，此種經濟力量之造成，固非全恃僥倖得來。馬來半島昔雖有黃金半島之稱，但事實上豈眞有遍地黃金任人擷拾之理，僅以其地得天獨厚，蘊藏豐富，華僑昔日南來，墾闢炎荒，辛苦經營，始造成今日之地位。今當追本溯原，略陳其發展之經過，與今後趨勢，藉明過去締造之不易，而警未來困難之日增，以殿本文之末。

註：薛福成於光緒十九年五月十六日，由英倫使館發遞「請豁除舊禁招徠華民疏」，七月初十日，奉硃批交總理衙門議奏，經於八月初四日奏覆，應如所請，飭下刑部將私出外境之例，酌擬刪改，並由沿海督撫出示曉諭：凡良善商民，無論在洋久暫，婚娶生息，一概准由出使大臣或領事官給與護照，任其回國治生置業，與內地人民一律看待，毋得仍前，藉端訛索，違者[illegible]懲治，奉硃批依議。是爲清廷開海禁之始，參閱海

國公餘雜著名臣籌海文鈔。

在檳榔嶼未開闢前，華人之來半島，大都集中於馬六甲，其散處於彭亨吉打吉蘭丹丁加奴柔佛等國者爲數亦不少。當時各邦猶在土酋統治時代，吾國僑民之經濟組織，雖不及今日[illegible]人之完善，但其經濟思想之發達則無多讓，復以性情謙和，與其土[illegible]，[illegible]，各[illegible]庶情形，均經瞭如指掌，乃販運中[illegible]之土產紛售其土著社會，[illegible]場，土人市鎮甚少，僑民每獲厚利，且以不辭艱辛，深入[illegible]市城村落之間，於土[illegible]社會[illegible]往不通。自從歐人東漸，每闢一地，非賴吾僑之助不能使其地繁榮者，實[illegible]於此。

當[illegible]與荷人佔領馬六甲時，雖在[illegible]時代之[illegible]，但[illegible]墾殖，[illegible]繁榮之果。[illegible]檳榔[illegible]墾種者，以歐人爲多，[illegible]上[illegible]求，政府乃[illegible]之重要，嘗於一八〇五年[illegible]地之[illegible]。[illegible]海[illegible]（即檳榔嶼）僑云：[illegible]闢時[illegible]種胡椒[illegible]萬餘人。[illegible]錢十[illegible]萬兩。[illegible]柔佛（即新加坡）僑云：「數年以來，商賈雲集，[illegible]車馬喧[illegible]，遂爲勝[illegible]矣。」清高此書成於道光年間，百年前馬來亞華僑之[illegible]況，已可[illegible]於字裏行間矣。

自十[illegible]世紀初葉以還，馬來[illegible]各地，不論其在英人管轄之下，抑在土人掌握之中，其[illegible]

均待開發，自是以往，華僑致富之原，大別之可分爲五類：一曰餉碼，二曰開港，三曰農業，四曰礦業，五曰商業，茲分節撮要述之。

（一）餉碼之名，非吾國所固有，蓋自英文Farmer一字轉譯而得者，承辦餉碼之意義，卽包辦政府煙酒賭博等之稅額而由承辦人自行支配經營。此項制度之產生，實由於殖民地方在開闢時期，政治機構尚未健全，財政收支未能相抵，於是權稅及於販賣鴉片開設賭場等劣業，政府常委任社會上有勢力者，以執行其事，而責令繳納所需稅額。當檳榔嶼初開闢時，政府亦行使此項餉碼制度，數十年間，收入全賴此等數目，頗遺物議。海錄所誌：「錫蘭釀酒販鴉片及開賭場者，権稅歲十餘萬兩」，卽指此也。然此制依然沿傳於半島各地。華僑賴以發跡者，實不乏人，如陸佑之承包馬來各邦餉碼，黃福之承包柔佛餉碼，則其尤著者也。降至近代，餉碼之制已被取消，煙酒歸政府公賣，賭博已被取締，所僅存者，爲典當一種，亦以分區設立，無大利可圖矣。

（二）開港之制，頗似吾國春秋時代之采地，卿大夫得收一地之租稅，以爲祿俸。南洋諸僑在柔佛蘇丹秉政時代，凡與統治者關係較深者，卽可請求劃地一大片，負責開闢之，對於統治者年納若干金，其人卽可於所劃地界內有無上權力，卽所謂港主是也。此風極盛於柔佛，吾僑於當地先後開闢三十餘港，有獨資經營者，亦有合夥經營者，凡轄地以內，不論採礦伐林，耕植營商，悉由港主支配，而煙酒賭碼，亦歸港主經營，以故獲利甚多。黃福開闢士乃及兩港時，仍自印紙幣，流通港地，可以爲例。丁加奴吉蘭丹等地，前亦有關稅之制，但以地瘠民稀，交通不便，終歸失敗。自英人擴大治權及於半島全部後，此制乃被廢棄。

（三）國人在半島從事稼穡，爲時已久。最初種植者，除稻穀外，尚有椰子檳榔胡椒甘蜜等農作物。至於橡樹之栽植，則於一八七七年前未之聞焉。迨樹膠之功用彰明後，各地皆爭相放棄昔日之種植物而改植橡樹，其後樹膠之用途日廣，需求日殷，至一九一〇年，每磅平均售價竟達八先令九辨士之高峯，於是經營此業者，獲利倍蓰。至一九二〇年世界產膠量開始有過剩之患，迨一九三二年而每磅售價僅值二辨士餘，於是失敗者又比比皆是。幸國際產量限制於一九三四年起實行，樹膠售價乃得逐漸回漲，自一九三九年第二次世界大戰爆發後，每磅售價已漲至一先令左右，雖不能與一九一〇年時相比，然較十年以前之最低跌時期則已高漲數倍矣。種植橡樹者多欣然色喜，惟將來之趨勢如何，仍難逆料耳。關於吾僑在馬來亞所經營之樹膠園園數及畝數，可於附表三見之，惟百英畝以下之小膠園，因政府無統計發表，無從調查。

（四）馬來半島礦產豐富，數百年前，已爲國人所稔知。元明時代紀載南海諸國之典籍，於彭亨吉蘭丹馬六甲等地之物產項下，必列「花錫」一名，可以爲證。瀛涯勝覽記滿剌加國誌之尤詳，云：「花錫有二處山塢錫場，王命頭目主之。差人淘煎，鑄成斗樣，以爲小塊輸官。每塊重官秤一斤八兩，或一斤四兩，每十塊用籐縛爲小把，四十塊爲一大把，通市交易皆以此錫行使。」由此可知五百年前，當地之錫產不特已有人開採，而且用爲貨幣矣。查馬來亞蘊藏錫鑛最富之處，係在霹靂與雪蘭莪境內，而尤以霹靂爲甚，五十年前，其地之錫鑛幾全部爲吾僑所採掘，鑛工之多，竟可支配其盛衰，而經營是業者，亦多鬪圖作富家翁矣。惟黃金時代今已過去，歐人利用新式機械，與吾僑之人工開掘相頡頏，成績懸殊，可以想見。故吾僑經營此業，前途亦已呈衰敗之象矣（參閱附表四）。

（五）農場所收獲之農產，鑛區所掘得之鑛產，除經營者生活所需要外，胥賴商人以分配於市場，故產銷有相互倚存之必要，馬來亞之土產既以膠錫椰子黃梨等爲大宗，於是以買賣此等物產爲業者，即以適應環境需要而產生，其致富之由，非特什一之佣金，大抵觀察市情，屯積居奇，待價而沽，轉運各處，因以牟利。再就本地市場所需要者而輸入各種商品，即所謂出入口商是。迨商品輸出入之數量增加時，乃有銀行，船公司與保險公司等之產生，蓋有相互聯繫之關係者也。馬來亞之對外貿易，集中於星檳二地，而尤以星洲爲甚，萬商雲集，第華僑所經營者大部份乃所謂二三盤交易。自內地收集土產而售之於外商，向外商購買舶來貨品而轉運入內地，其能直接向外洋推銷或採辦者，實屬少數，是以僑商所得什一之利，無非仰承外商之鼻息，博取錙銖於同僑社會間，爲他人作嫁衣耳。近年以來，吾僑自營出入口業者略見增多，國貨南銷亦漸發展，惟與外商相較，猶難望其項背焉。

綜上各節所述，餉碼開港之制，今已不再存在。農業方面，由於樹膠之前途未測，且華僑種植面積逐漸縮減，據一九四〇年之調查，馬來亞開割之大樹膠園（一百英畝以上者），其面績共有二、一一九、八六一英畝，屬吾僑經濟者計三五一、九三七英畝，僅佔總面積百分之十六強耳。礦產方面，則以華僑採錫之法，墨守成規，已成強弩之末。查三十年前，吾僑經營之錫鑛，約佔全馬錫鑛百分之七十八，近年以來，遞減下降，今已降至百分之三十左。商業方面，亦因吾僑經濟團體之缺乏，未能充分利用資金，設立大規模之貿易公司，亦難與外人爭長短。由此種種事實觀察，吾僑經濟力量，現雖維持，但已呈衰落之象，苟不急起直追，圖所以穩固吾經濟地位之良策，則前途之危險，誠 堪設想也。

附表一　三十年來馬來亞華僑人口比較表

區域 ╲ 年份	1911	1921			1931			1940
		共	男	女	共	男	女	
新加坡	222.655	317.491	215.918	101.573	421.821	263.191	158.630	536.199
檳榔嶼	111.738	135.288	87.609	47.679	176.518	105.985	70.533	223.086
馬六甲	35.450	45.768	33.479	12.289	65.179	42.450	22.729	91.099
海峽殖民地總數	369.843	498.547	337.006	161.541	663.518	411.628	251.892	915.384
聯邦	217.206	224.586	162.691	61.895	325.527	216.480	109.047	445.366
非聯邦	150.908	170.687	121.962	48.725	241.351	154.324	87.027	335.661

森美蘭	40.843	65.171	53.646	11.525	92.371	68.360	24.011	124.418
彭亨	24.287	34.104	27.703	6.401	52.291	37.662	14.62[illegible]	72.833
馬來聯邦總數	433.244	494.548	366.002	128.546	711.5[illegible]0	476.826	[illegible].714	978.[illegible]
柔佛	68.410	97.253	79.066	18.187	215.076	158.5[illegible]	56.[illegible]	303.[illegible]
吉打	33.746	59.403	47.419	11.984	78.415	53.787	24.628	107.223
玻璃市	1.627	3.602	2.[illegible]	991	6.509	12.029	5.583	8.147
吉蘭丹	9.844	12.755	9.377	3.378	17.612	10.36[illegible]	2.392	23.183
丁加奴	4.169	7.246	6.[illegible]88	1.[illegible]	18.254	4.564	1.934	16.750
渤泥	736	1.423	1.117	306	2.683	2.060	623	6.[illegible]7
其他	——	——	——	——	794	553	241	——
全馬來亞總數	916.619	1.174.777	848.776	326.001	1.709.392	1.130.127	579.265	2.358.335

附表二　十年來馬來亞中國移民及回比較表

年份	入口	出口	入超	
一九三一	79.085	212.900		133.815
一九三二	33.534	161.809		128.375

一九三三	58.464	86.555		53.091
一九三四	109.237	68.129	41.138	
一九三五	145.853	69.025	76.828	
一九三六	149.822	80.578	69.244	
一九三七	243.304	66,502	176.802	
一九三八	105.148	54.603	50.545	
一九三九	40.285	30.783	9.502	
一九四〇	36.631	41.060		4.429

附表三　十年來馬來亞華僑大樹膠園園數及畝數比較表

年份	五千英畝以上 園數	五千英畝以上 畝數	一千至五千英畝 園數	一千至五千英畝 畝數	五百至一千英畝 園數	五百至一千英畝 畝數
1931	——	——	——	——	——	——
1932	——	——	——	——	——	——
1933	——		38	41,[illegible]	[illegible]7	[illegible]
1934	1	5,[illegible]53	58	87,[illegible]49	105	75,232
1935	1	5,626	55	91,748	103	[illegible]
1936	1	5,626	[illegible]	87,708	100	70,959
1937	1	5,626	48	77,877	93	64,708
1938		5,626	47	77,206	94	[illegible]5,202

馬來亞華僑史綱要　[illegible]

1939	2	12,045	50	84,485	104	73,235
1940	2	12,0[illegible]	51	87,500	111	78,211

年份	一百至五百畝膠園數	畝數	華僑大膠園畝數總計	馬來亞大膠園畝數總計
1931	—	—	318,761	2,047,160
1932		—	347,799	1,877,305
1933	404	84,081	356,942	1,890,888
1934	935	181,437	349,571	1,998,703
1935	928	179,697	349,193	2,021,969
1936	907	176,369	340,602	2,021,702
1937	903	173,777	321,988	2,026,348
1938	911	174,518	322,641	2,031,969
1939	891	172,090	342,805	2,107,117
1940	887	171,205	351,937	2,119,861

註一：一九三一及三二年官方未發表分類統計。

註二：一九三五年以前之分類統計中有時不包括馬來屬邦之丁加奴玻璃市等各邦在內，故與總數略有差別。

附表四：三十年來馬來亞華僑錫礦與歐人錫礦百分比表

年次	華僑經營之額	歐人經營之額	馬來亞產錫總額 (單位噸)
1910	78%	22%	45,[illegible]
1911	77%	2[illegible]	[illegible]
1912	80%	20%	50,[illegible]
1913	74%	26%	51,377
1914	76%	24%	50,64[illegible]
1915	72%	28%	49,852
1916	68%	32%	47,224
1917	71%	29%	42,903
1918	68%	32%	40,105
1919	68%	32%	39,240
1920	64%	36%	36,927
1921	61%	39%	36,240
1922	62%	38%	37,226
1923	56%	44%	39,383
1924	55%	45%	46,917
1925	56%	44%	48,1[illegible]
1926	56%	4[illegible]%	47,790

馬來亞華僑史綱要　　四七

1927	59%	41%	54,390
1928	51%	49%	64,505
1929	39%	61%	69,366
1930	37%	63%	63,974
1231	35%	65%	54,908
1932	34%	66%	29,742
1933	34%	66%	24,904
1934	34%	66%	31,059
1935	34%	66%	45,995
1936	33%	67%	66,806
1937	32%	68%	77,549
1933	——	——	43,247
1939	——	——	55,01
1940	——	——	84,70

本書參考書目

古今圖書集成：方輿彙編邊裔典
溫雄飛：南洋華僑通史
馮承鈞：中國南洋交通史

李長傅：南國殖民史
趙汝适：諸蕃志（馮承鈞校註）
馬　歡：瀛涯勝覽（馮承鈞註釋）
費　信：星槎勝覽（馮承鈞註釋）
張　燮：東西洋考（商務版）
謝清高：海錄（馮承鈞註釋）
張榕軒：海國公餘雜著名互齋海文鈔
曾惠敏公：使西日記（卷一）
張禮千：馬六甲史
許雲樵：北大年史
姚枬譯、許雲樵編：星洲十年
張禮千編輯：南洋經濟
中國南洋學會：南洋學報（第一期）
華僑銀行：華僑經濟（第一、二、三、期）
R. O. Winstedt: History of Malaya.
Sir Frank Swettenham: British Malaya

L. A. Mills : British Malaya,
Arnol Wright : Twenti th Century Impressions of British Malaya.
Newbold : Straits of Malacca,
F G. Stevens : Early History of Prince of Wales Island.
Song Ong Siang : One Hundred Years of Chinese in Singapore.
Schlegel : Tian Ti Hwui The Hung League or Heaven-Earth Leagne.
Censns, British Malaya (1911, 1921, 1931)
S. S. Government Gazettes
Malayan Year Books
Annual Sumary of Monthly Returns of Foreign Imports, Exports and Shipping-Depart ment of Statistics S. S. S. F. M. S (1930 1940)
Rukker Statistics Handbook-Department of Statistics, S. S. S F. M. S. (1930-1940)

中華民國三十二年四月初版

(97414渝粉)

馬來亞華僑史綱要

(渝版報紙)

定價國幣陸角

外埠酌加運費

著作者 姚柟

編纂者 南洋研究所

發行人 王雲五 重慶白象街

印刷所 商務印書館印製廠

發行所 商務印書館 各埠